CLÁSSICOS GREGOS E LATINOS

Rio profundo, os padrões e valores da cultura greco-latina estão subjacentes ao pensar e sentir do mundo hodierno. Modelaram a Europa, primeiro, e enformam hoje a cultura ocidental, do ponto de vista literário, artístico, científico, filosófico e mesmo político. Daí poder dizer-se que, em muitos aspectos, em especial no campo das actividades intelectuais e espirituais, a nossa cultura é, de certo modo, a continuação da dos Gregos e Romanos. Se outros factores contribuíram para a sua formação, a influência dos ideais e valores desses dois povos é preponderante e decisiva. Não conseguimos hoje estudar e compreender plenamente a cultura do mundo ocidental, ao longo dos tempos, sem o conhecimento dos textos que a Grécia e Roma nos legaram. É esse o objectivo desta colecção: dar ao público de língua portuguesa, em traduções cuidadas e no máximo fiéis, as obras dos autores gregos e latinos que, sobrepondo-se aos condicionalismos do tempo e, quantas vezes, aos acasos da transmissão, chegaram até nós.

CLÁSSICOS GREGOS E LATINOS

Colecção elaborada sob supervisão
do Instituto de Estudos Clássicos da Faculdade de Letras
da Universidade de Coimbra
com a colaboração
da Associação Portuguesa de Estudos Clássicos

TÍTULOS PUBLICADOS:

1. AS AVES, de Aristófanes
2. LAQUES, de Platão
3. AS CATILINÁRIAS, de Cícero
4. ORESTEIA, de Ésquilo
5. REI ÉDIPO, de Sófocles
6. O BANQUETE, de Platão
7. PROMETEU AGRILHOADO, de Ésquilo
8. GÓRGIAS, de Platão
9. AS BACANTES, de Eurípides
10. ANFITRIÃO, de Plauto
11. HISTÓRIAS - Livro I, de Heródoto
12. O EUNUCO, de Terêncio
13. AS TROIANAS, de Eurípides
14. AS RÃS, de Aristófanes
15. HISTÓRIAS - Livro III, de Heródoto
16. APOLOGIA DE SÓCRATES • CRÍTON, de Platão
17. FEDRO, de Platão
18. PERSAS, de Ésquilo
19. FORMIÃO, de Terêncio
20. EPÍDICO, de Plauto
21. HÍPIAS MENOR, de Platão
22. A COMÉDIA DA MARMITA, de Plauto
23. EPIGRAMAS - Vol. I, de Marcial
24. HÍPIAS MAIOR, de Platão
25. HISTÓRIAS - Livro VI, de Heródoto
26. EPIGRAMAS - Vol. II, de Marcial
27. OS HERACLIDAS, de Eurípides
28. HISTÓRIAS - Livro IV, de Heródoto

HISTÓRIAS
livro 4º.

© desta edição:
Cristina Abranches Guerreiro, Maria de Fátima Silva e Edições 70, 2000

Capa de Edições 70
Athena Lemnia, de Fídias
Desenho de Louro Fonseca a partir de uma cópia romana

Depósito Legal n.º 165784/01

ISBN 972-44-1101-X

EDIÇÕES 70, LDA.
Rua Luciano Cordeiro, 123 - 2.º Esq.º – 1069-157 LISBOA / Portugal
Telef.: 213 190 240
Fax: 213 190 249
E-mail: edi.70@mail.telepac.pt

Esta obra está protegida pela lei. Não pode ser reproduzida
no todo ou em parte, qualquer que seja o modo utilizado,
incluindo fotocópia e xerocópia, sem prévia autorização do Editor.
Qualquer transgressão à Lei dos Direitos do Autor será passível de
procedimento judicial.

HERÓDOTO

HISTÓRIAS
livro 4º

Introdução, versão do grego e notas de
Maria de Fátima Silva
Professora da Faculdade de Letras da Universidade de Coimbra
e de
Cristina Abranches Guerreiro
Professora da Faculdade de Letras da Universidade de Lisboa

Prefácio

Prossegue o Instituto de Estudos Clássicos da Universidade de Coimbra o seu projecto de versão para português da obra de Heródoto com a publicação do Livro 4.º de *Histórias*.

Foi este volume preparado, em colaboração, por Maria de Fátima Silva e Cristina Abranches Guerreiro, que se encarregaram respectivamente da introdução e versão anotada da I (1-144) e II (145-205) Partes.

Como texto base, adoptamos o da edição oxoniense de C. Hude, *Herodoti Historiae*, I. reimpr. 1963.

Aos colegas e amigos que nos ajudaram com qualquer apoio, incentivo ou indicações bibliográficas, o nosso obrigado sincero.

Abreviaturas

FGrHist = F. Jacoby, *Die Fragmente der griechischen Historiker*, Leiden, E. J. Brill, 1954-1963.

How-Wells = W. W. How and J. Wells, *A commentary on Herodotus*, Oxford, Clarendon Press, 1912, reimp. 1967.

Legrand = Ph. -E Legrand, *Hérodote*, Paris, Les Belles Lettres, 11 vols., 1930-1954, reimp. 1963-1973 (salvo outra indicação, a referência Legrand aplica-se ao vol. IV).

Müller = C. Müller, *Fragmenta Historicorum Graecorum*, Paris, Firmin--Didot, 1883-1928.

RE = *Paulys Real-Encyclopädie der Classischen Altertumswissenschaft*, Suplemento, Stuttgart, J. B. Metzler, 1903-1913; München, Alfred Drucken Druckenmüller, 1918-1980.

SEG = P. Roussel, A. Salac, M. Tod, E. Ziebarth, J. Hondius, *Supplementum Epigraphicum Graecum*, Leiden, Sijthoff, 1923-1924.

AAntHung = *Acta Antiqua Academiae Scientiarum Hungaricae*
AJPh = *American Journal of Philology*
ASNP = *Annali della Scuola Normale Superiore di Pisa*
CJ = *The Classical Journal*
CPh = *Classical Philology*
HSPh = *Harvard Studies in Classical Philology*
JHS = *Journal of Hellenic Studies*
PP = *La Parola del Passato*
REG = *Revue des Études Grecques*
RhM = *Rheinisches Museum*
TAPhA = *Transactions and Proceedings of the American Philological Association*

Bibliografia Geral Selecta*

Edições críticas e comentários

Asheri, D., et alii, Fondazione Lorenzo Valla, Milano, 1977 – Vol. I (Asheri, D.), Vol. II (Lloyd, A. B.), Vol. III (Asheri, D. – Medaglia, S.), Vol. IV (Corcella, A. – Medaglia, S.), Vol. V (Nenci, G.), Vol.VIII (Masaracchia, A.), Vol.IX (Masaracchia, A.). [Citados só pelo nome do autor da edição e número do volume em romano].

Berenger Amenós, J., *Heródoto, Historias*. Texto revisado e traducido por..., Barcelona, Alma Mater, 1960.

Hude, C., Scriptorum Classicorum Bibliotheca Oxoniensis, Oxonii, 1927, 2 vols.

Legrand, Ph-E., Collection des Universités de France, Paris, 1932-1954, 11 vols.

Rosén, H. B., Bibliotheca Scriptorum Graccorum et Romanorum Teubneriana, Lipsiae, 1987 –, Vol. I Libros I-IV continens; 1997 Vol. II Libros V-IX continens.

How, W. W. and Wells, J., *A Commentary on Herodotus*, Oxford, 1912, 2 vols.

Elencos bibliográficos

Bergson, L., Herodot 1837-1969 *Lustrum* 11, 1966, 71-138.

Espiríto Santo, Arnaldo, *Contributo para um guia bibliográfico de Heródoto*, Lisboa, 1990.

Marg, W., *Herodot. Eine Auswahl aus der neueren Forschung*, Munique, 1962, 748-766.

---

* A bibliografia específica dos diversos livros figura no final de cada um dos tomos.

Estudos

Bornitz, Hans-Friedrich, *Herodot-Studien. Beirtaege zum Verstaendnis der Einheit des Geschichtswerks*, Berlim, 1968.
Burkert, Walter, "Herodot als Historiker fremder Religionen" in: *Entretiens Hardt* 37, Genebra, 1990, 1-39.
Burn, A. R., *Persia and the Greeks: the defense of the west, 546-478 b. C.*, Londres, 1962.
Cobel, J., "Wann wurde Herodots Darstellung der Perserkriegepubliziert?", *Hermes* 105, 1977, 2-27.
Cobert, J., "Herodot und muendliche Ueberlieferung" in: *Colloquium Rauricum I. Vergangenheit in muendlicher Ueberlieferung*, Estugarda, 1988, 226-233.
Coulet, C., "Réflexion sur la famille de Δίκη dans l' 'Enquête' d'Heródote", REG 95, 1992, 371-384.
Crahay, R., *La littérature oraculaire chez Hérodote*, Paris, 1956.
Dodds, E. R., *The Greeks and the Irrational*, Berkeley, 1951, [8]1973.
Evans, J.A.S., *Herodotus, Explorer of the Past*, Princeton, 1991.
Fornara, C.W., «Evidence for the Date of Herodotus "Publicarion"», *JHS* 91, 1971, 25-34.
Fornara, C.W., *Herodotus, An interpretative essay*, Oxfbrd, 1971.
Harmatta, J., "Herodotus, Historian of thc Cimmerians and the Scythians" in: *Entretiens Hardt* 35, Genebra, 1990.
Hart, J., *Herodotus and Greek history*, Nova Iorque, 1982.
Immelwahlr, H.R., *Form and Thought in Herodotus*, Cleveland, 1966.
Immerwahr, H.R., "Herodotus" in: Easterling, P. E., e Knox, B.M.W., edd. *The Cambridge History of Classical Literature. I. Greek Literature*, Cambridge, 1985, 426-441].
Immerwahr, H. R., "Historical action in Herodotus",*TAPhA* 85, 1954, 16-45.
Immerwahr. H.R. "Aspects of- historical causation in Herodotus", *TAPhA* 87, 1956, 241-280.
Jacoby. F., *Griechische Historiker*, Estugarda, 1956, 7-164 (reed. do artigo para a *Real-Enzyklopaedie* de Pauly-Wissowa, 1913).
Lateiner, D., *The Historical Method of Herodotus*, Toronto, 1989.
Lateiner, D., "Deceptions and Dellusions in Herodotus", *ClAnt* 9, 1990, 230-246.
Momigliano, A., "Die Stellung Helodots in der Geschichte der Historiographie" in: Marg, W., ed., *Herodot. Eine Auswahl aus der neueren Forschung*, Munique, 1962, 137-156.
Momigliano, A., "The Historians of the Classical World and their Audiences: Some Suggestions", *ASNP*, 1978, 59-75.

Momigliano, A., rec. de Bruno Gentili – Giovanni Cerri, «Le teorie del discorso storico ncl pensiero greco e la storiografia romana arcaica», in *Gnomon* 51, 1979, 393.
Myres, J. L., *Herodotus, Father of History*, Oxford, 1953.
Pohlenz, M., *Herodot, der erste Geschichtschreiber des Abendlandes*, Estugarda 1957, Nachdruck, 19hl.
Powell, J. Enoch, *The History of Herodotus*, Cambridge, 1939.
Reverdin, O. e Nenci, G., edd., «Heródote et les peuples non grecs, Entretiens Hardt 35, Genebra, 1990.
Romilly, J. de, "La vengeance comme explication historique dans l'oeuvre d'Heródote, *REG* 84, 1971, 314-337.
Shimron, B., *Politics and Belief in Herodotus*, Estugarda, 1989.
Waters, K.H., *Herodotus the historian: his problems, methods and originality*, Londres e Sydney, 1985.
Waters, K.H., *«Hedodotus on tyrants and despots»*, Historia Einzelschrift 15, Wiesbaden, 1971.

1.ª Parte
Os Persas na Cítia
INTRODUÇÃO

Oportunidade e interesse do *logos* cita nas *Histórias*

A campanha contra a Cítia, que em Heródoto se reveste da maior importância para a expansão persa na Ásia e sobretudo para os primeiros passos em território europeu, desenvolve-se, por isso mesmo, numa longa série de capítulos. Longe de aparecer como um excurso recheado de mil curiosidades gratuitas, este *logos* está concebido de forma a destacar, dentro do grande plano de expansão persa, um episódio determinante. Mas, apesar de justificada assim a oportunidade do relato cita dentro do projecto geral de *Histórias,* não somos imunes, por outro lado, ao interesse que ele podia representar para um leitor grego de Heródoto. A extensão e grandeza de um povo, cujo território se prolongava da China até ao Danúbio, e que, sob a coesão visível em diversas práticas comuns, se retalhava em inúmeros subgrupos devido a uma tradição cultural variada e aos próprios condicionalismos que o terreno impunha a cada comunidade, atraía naturalmente a atenção dos Helenos; além disso, a extensão e inacessibilidade das áreas mais remotas consagrara as zonas limítrofes, sobretudo a norte, como as fronteiras do mundo conhecido, para além das quais cabia exclusivamente à imaginação dar respostas; assim, para o público grego, toda esta extensão geográfica e etnográfica reservava ainda muitos segredos, apesar dos contactos já antigos que com ela mantinha e do conhecimento que por esse meio directo dela adquirira.

Para as ambições da corte persa, os Citas representavam um grande projecto, que se seguia, numa marcha progressiva, à sempre importante submissão de Babilónia que se consumara pela segunda vez sob a autoridade de Dario; sem que a primeira travessia em direcção à Europa deixasse de ser, também em termos de futuro, caminho aberto para o auge do mesmo projecto, a tomada da Grécia, que se viria a ensaiar de forma decisiva com Xerxes, herdeiro de um plano elaborado por seu pai. Logo esta campanha se apresenta, portanto, como um ponto de articulação fundamental no desenvolvimento geral de *Histórias,* associando aquelas que são, desde o prólogo, as duas perspectivas essenciais de Heródoto: a expansão de um grande império oriental e o confronto entre essa potência e a Grécia.

Data e causas da campanha persa contra a Cítia

Com uma frase simples de introdução – 'depois da tomada de Babilónia, Dario, sob seu comando directo, fez uma expedição contra os Citas' (4. 1) –, Heródoto estabelece para este empreendimento um nexo cronológico que prima, no entanto, pela indefinição. De facto, a campanha contra a Babilónia desfechara, em 521 a. C., com a tomada da famosa cidade, e não se clarifica, nestas palavras de introdução, o espaço temporal que a separa do novo projecto. Outros testemunhos parecem fundamentar a ideia de que um lapso de sete a dez anos possa ter decorrido entretanto e que o avanço contra a Cítia se situe no período que medeia entre 515--510 a. C.[1].

Uma menção igualmente breve sobre as causas que para ela determinaram o grande rei valoriza, como é convencional em Heródoto, para além dos meios humanos e financeiros de que o império de Dario dispunha e que poderiam ser estimulantes ao prosseguimento de uma política de expansão – estas as causas propriamente técnicas da campanha, de resto conformes com o lema tradicional na orientação política da Pérsia –, o objectivo da vingança. Tratava-se também de tirar da invasão e ocupação cita da Média, ocorrida há cerca de um século, uma desforra plena (cf. 1. 103-106).

Estabelecidas estas motivações, eis que o prometido relato da campanha é adiado para um capítulo retardado, (4. 83), enquanto que uma sequência minuciosa de informações sobre as origens, o terreno, as práticas e costumes citas se introduz de imediato (5- 82) como é normal em Heródoto, antes ou depois de cada arremetida militar contra um povo. Logo, o enquadramento do *logos* cita conserva elementos de uma forma geral convencionais em episódios idênticos no historiador de Halicarnasso; mas uma semelhança particular existe com o *logos* egípcio,

---

[1] Cf. *infra* 4. 1 e respectiva nota. Sobre este assunto, *vide* J. M. Balcer, 'The date of Herodotus 4. 1: Darius' Scythian Expedition', *HSPh* 76, 1972, pp. 99-132.

flagrante de imediato na extensão e pormenor da abordagem, além de pontos de relacionação concreta entre os dois povos; assim se valorizava a natureza de dois potentados, ora paralela (como por exemplo no significado dos cursos fluviais para a sua existência) logo contrastante (no que toca à cultura, riquíssima no caso egípcio, mas pobre no cita), que limitava a sul e a norte a grande faixa ocupada por Persas e Gregos, sob o foco principal das atenções de *Histórias*.

Fontes usadas por Heródoto

Para o relato sobre a Cítia e seus habitantes, Heródoto pôde valer-se de um conjunto diversificado de fontes, sobre as quais se debruçou com atenção, a que atribuiu uma credibilidade relativa, que testou *in loco* e inclusivamente que pôde polemizar ou tentar corrigir.

São de mencionar, antes de mais, as informações antigas, tradicionais, originárias de mitógrafos e poetas, e cercadas, naturalmente, de uma auréola inevitável de ficção. Sobre as origens dos Citas e seus hábitos, como também sobre a caracterização dos povos que os cercam em regiões que equivalem aos extremos do mundo – os Hiperbóreos –, Heródoto cita antes de mais o poeta Arísteas de Proconeso, autor de umas *Arimaspeias* (4. 13-16). Mas não apenas a verificação dos dados fornecidos por Arísteas parece ao autor de *Histórias* altamente duvidosa e fruto mais da imaginação do que de pretensas informações, como a existência do próprio Arísteas, marcada por experiências de transmigração da alma e de uma intervenção apolínea directa, deixa duvidoso quem vê na ἱστορία a necessidade – etimologicamente prevista – de confirmação visual. Se, por um lado, as especulações sobre a metempsicose e o culto apolíneo, em termos globais, se conciliam com a tradição desta região nordeste, não deixa de ser legítimo encarar a experiência de Arísteas como uma ficção, que, a partir de dados culturais concretos, forja mitos inteiramente especulativos.

Dentro das mais antigas produções da literatura grega, a épica e Hesíodo dão prova do conhecimento remoto que a Grécia tinha já dessa realidade étnica que com ela a norte confinava. A *Ilíada* (13. 5-6), como também Hesíodo (frs. 150-151 Merkelbach-West), dão notícia de alguns hábitos citas a que Heródoto não retira a importância e a veracidade: o nomadismo, como a utilização do cavalo e a base láctea da alimentação, são elementos essenciais da cultura cita, tanto mais visíveis pelo contraste implícito com os hábitos gregos. Mais adiante (4.32; cf. *infra* este capítulo e a nota respectiva) Heródoto refere também os testemunhos de Homero e Hesíodo sobre os Hiperbóreos, com todas as reticências – que vezes sem conta confessa – sobre o conhecimento efectivo que se possa ter da vida e das paisagens do extremo norte.

Ainda dentro do registo escrito, não pode desconhecer-se a relevância das informações transmitidas pelos geógrafos anteriores a Heródoto. Os seus nomes ou os contactos concretos que possam ter com o texto de *Histórias* são difíceis de estabelecer, dada a escassez de textos conservados. Mas a confluência de dados entre Heródoto e historiadores mais tardios – Pompónio Mela e Plínio, em particular – aconselha a remissão para uma fonte comum, eventualmente Hecateu de Mileto. Mais ainda, não parece pacífica e incontroversa a adopção de informações anteriores por Heródoto[2]. Se surge como ideia geralmente aceite que os chamados 'Citas' são uma comunidade étnica que resulta de sobreposições sucessivas de povos, vindos do Oriente diante de movimentações constantes de outros grupos, naturais de resto em função do regime de vida nómada que praticam; se, em consequência, a fusão progressiva destas vagas de invasores foi criando uma mescla coesa que permite tratar como uma grande família étnica toda essa enorme área populacional; no pormenor, a distinção de tribos, o relacionamento mais próximo de etnias, a consciência da sua avaliação relativa, criou entre as diversas opiniões dissidências profundas. Assim, adivinhamos em Heródoto o repúdio por versões anteriores que não resistem à averiguação directa que o próprio pôde fazer perante testemunhas concretas ou mesmo *in loco*.

Entramos assim numa outra área de informações que reside nos próprios contactos entre Citas e Gregos. Sem saírem do seu território, os Helenos tinham, talvez já desde o séc. VII a. C. com razoável intensidade, contactos com compatriotas seus que, pela própria actividade comercial que desenvolviam nestas paragens, funcionavam como testemunhas vivas desse outro mundo a norte. Além do plano comercial, relações religiosas de há muito funcionavam entre a Grécia e o universo hiperbóreo, muito ligado ao culto apolíneo. Mais adiante, nos §§ 33-35, Heródoto refere o caso concreto do culto do deus em Delos, sua ilha de origem, onde se coligiam oferendas e se procedia a rituais associados com fiéis de proveniência nórdica; antes de chegarem ao seu destino, as oferendas

---

[2] A própria descrição que é feita, nos §§ 36.2 – 45, sobre as partes em que se costumava dividir o mundo então conhecido, que parece suplementar para a narrativa cita, pode ganhar propriedade na perspectiva de uma revisão, para eventuais correcções, dos conhecimentos então difundidos na Grécia pelos autores de descrições geográficas ou de mapas.

faziam, ao longo de múltiplas regiões gregas, um itinerário vasto, que documenta a amplitude da sua divulgação no mundo helénico. Por fim, contactos sociais não eram também irrelevantes; o convívio directo com escravos citas, ao que tudo indica abundantes e populares na Grécia, de que a comédia grega fez um tipo famoso, alargava as perspectivas a um plano mais directo.

Em contrapartida, já desde o mesmo séc. VII a. C., a emigração grega fez-se em grande número para norte, sobretudo a partir de Mileto. Fixadas particularmente em volta do Mar Negro, estas populações repartiram-se em meios urbanos dispersos, de que Ólbia, pela importância que teve como grande empório comercial, atrai sobretudo as atenções de Heródoto. Nesse espaço, os contactos fazem-se por rotina, as trocas comerciais são diárias e a permuta cultural a consequência inevitável das circunstâncias[3]. Não apenas aí se fundem Citas e Gregos, como se escoam informações e relatos daqueles que lá chegam depois de peregrinações pelo interior até às paragens mais remotas (cf. 4. 24).

Do fervilhar desses contactos pôde Heródoto retirar também um testemunho directo como visitante, sempre curioso e atento, como é traço característico da sua personalidade. A avaliação que faz das dimensões do Mar Negro pelas travessias que realizou (4. 85-86), as atracções locais que refere por tê-las visto (4. 81), a visita que diz ter feito à Cólquida (2. 104), os testemunhos que afirma ter recolhido *in loco* (4. 76), são a prova do acesso pessoal a informações, que lhe permite contestar as versões então tidas, na Grécia, por fidedignas.

E a verdade é que, se uma leitura do *logos* cita nos causa alguma insatisfação pela falta de uns tantos pormenores, pela existência de imprecisões ou mesmo de distorções, por uma certa desarrumação interna, não deixa de ser cada dia mais evidente, em função dos próprios progressos da arqueologia, a importância e o valor da informação, única escrita que possuímos, sobre a velha comunidade cita: a que nos é com alguma minúcia narrada por Heródoto no seu Livro 4.

Os Citas e a Cítia

Esta longa sequência de capítulos relativos aos Citas e ao vasto espaço geográfico que ocupam revela, na articulação dos elementos que a compõem, alguma dispersão. Se as origens dos Citas são tratadas, nas

---

[3] Desde logo, ao contar as versões conhecidas sobre a origem dos Citas, Heródoto pode enumerar uma hipótese colocada pelos próprios (4. 5), a par de uma versão distinta, da responsabilidade dos Gregos habitantes do Ponto (4. 8).

diversas versões conhecidas, num bloco definido (§§ 5-13), como também os costumes citas, a dimensão da população e a oferta de curiosidades turísticas que propõe se sucedem em capítulos igualmente bem delimitados (§§ 59-82), o mesmo se não pode dizer das informações referentes aos grupos étnicos e aos rios, que regressam em momentos distantes do relato. Depois de uma primeira sequência de capítulos (§§ 17-27) dedicados à listagem dos povos citas e à sua localização delimitada pelos cursos fluviais, aos rios é dada posteriormente uma atenção mais sistemática em §§ 47-58 e de novo aos povos em §§ 103-117.

Origens

Da mesma forma que iniciara o Livro II (§ 1) a referir a antiguidade do povo egípcio, Heródoto abre agora o relato sobre os Citas pela menção da data recente da sua formação. E logo inicia um capítulo sobre as origens do povo em causa.

Quatro são as fontes aduzidas, entre as quais Heródoto estabelece um juízo relativo de valor e define preferências[4]. As duas primeiras advêm de tradições correntes, entre os próprios Citas antes de mais, e entre os Gregos do Ponto que com eles mantinham relações mais directas. Uma e outra, paralelas no conteúdo e na estruturação, procuram determinar um ascendente último para os Citas e fazer remontar à sua descendência imediata uma primeira repartição em subgrupos. Esta é uma leitura feita sobre um princípio básico de autoctonia. Condimentos míticos e fantásticos se acumulam nas duas versões, que valorizam a ideia de uma predestinação do mais novo de três filhos, aquele que de alguma forma o destino privilegia como o mais promissor, hierarquizando, simultaneamente, os diversos sectores do grupo étnico. Os objectos de ouro, que caem do céu, atribuem a este mesmo filho mais novo uma autoridade plena sobre o povo, na medida em que nenhum se deixa colher a não ser pela sua mão. Logo, dada a simbologia dos objectos, que remetem para os sectores vitais da sociedade – a classe produtora, guerreira e religiosa –, o rei preside e comanda todos esses sectores vitais. A concessão da terra àquele que, encarregado de guardar o ouro,

---
[4] Veja-se o descrédito que afirma relativamente à versão cita, 'para mim o que eles dizem não merece crédito, mas, enfim, é o que dizem' (4. 5); em contraste com a simpatia pela hipótese corrente das sucessivas movimentações de povos, 'existe uma outra versão desta história a que eu adiro de alma e coração' (4. 11); ou com um certo cepticismo na menção de Arísteas, 'Arísteas – é o que por lá corre' (4. 14).

adormece, estabelece uma relação entre o poder real e a partilha de terras, o que propõe que os Citas, a si mesmos, se consideravam sedentários, pelo menos em certos casos. O grande traço de distinção entre as duas leituras reside no facto de a versão grega da história atribuir aos Citas um ascendente heleno, o herói Hércules, o que legitima a presença grega na região e defende uma coesão antiga entre os imigrantes e a população local. De resto, é particularmente interessante o conjunto de pormenores com que se retoca o mito do herói da força, de modo a acomodá-lo ao contexto cultural cita: os dois emblemas de Hércules são aqui o arco, a arma cita por excelência, de resto em duplicado de maneira a permitir que o herói ceda um ao seu sucessor sem ficar privado do seu instrumento de luta; e um cinto, com remate de ouro, a lembrar um adereço de trajo que a arqueologia demonstrou ser característico desta cultura. Também em contraste com a versão local, esta leitura grega das origens dos Citas omite o traço de sedentarização que a anterior continha, admitindo apenas que o filho mais novo permanece como senhor único da região, enquanto os outros dois irmãos partem. Logo não contraria a concepção geral grega de que os Citas são nómadas.

O contraste é claro entre estas duas propostas e as que valorizam as movimentações naturais de povos da Ásia, motivadas pelas incursões de uns sobre os outros. Daqui resultam migrações e a fusão de sucessivas marcas culturais. Para além de ser voz corrente de origem indeterminada, esta última explicação deixou vestígios na literatura através do poema de Arísteas, que concilia realidade com ficção. De facto, o autor das *Arimaspeias* regressa à ideia da movimentação compulsiva de povos, ao mesmo tempo que procura definir limites territoriais indo ao encontro de grupos étnicos que, pela sua localização extrema nos territórios gelados e inacessíveis do norte, entram facilmente na área do especulativo ou do maravilhoso; constituem esse grupo estranho os Arimaspos de um só olho, os Grifos híbridos e os Hiperbóreos (4. 13).

Dados geográficos e populacionais

Heródoto inicia de seguida (§§ 17-27) a enumeração dos diferentes grupos étnicos, neste momento com uma variedade que ultrapassa o núcleo que objectivamente interessa para a campanha de Dario. A partir de Ólbia, com uma localização central na costa sul da Cítia, o relato vai avançando progressivamente para o interior, em faixas ordenadas pela repartição hidrográfica. Para além da enumeração individualizada, são estabelecidos alguns nexos de relacionamento entre os povos, destacada a sua actividade principal ou algum hábito particular e referidas características de solo ou clima. Este é um bloco de informações que colige elementos gerais e breves, que, em certos casos, Heródoto virá a desenvolver posteriormente com mais pormenor, criando uma certa desarrumação ou alguma repetição dentro do *logos*. Assim, mais adiante, depois de anunciar que são os costumes citas o assunto seguinte (§ 46), Heródoto avança (§§ 47-58) para uma menção destacada de cada rio de uma região onde a riqueza hidrográfica é preponderante: para além da influência que representa sobre a paisagem e hábitos locais, a proliferação de cursos de água abundantes e extensos tem todas as condições para maravilhar um grego habituado a uma paisagem onde correntes fluviais são escassas. Da mesma maneira, já desencadeada a campanha de Dario, Heródoto regressa aos grupos étnicos em que se repartem os Citas (§§ 103-117), desenvolvendo agora em mais pormenor os hábitos e comportamentos mais sugestivos daqueles contra quem a expedição se dirige[5]. O primeiro conjunto de informações que se constitui dos capítulos 17-27 articula-se ainda com a questão das fontes do historiador e funciona como uma espécie de recapitulação e teste das informações dadas por Arísteas: para além de relatos indirectos, nada de objectivo é possível conhecer, pelo que Arimaspos, Grifos e Hiperbóreos são motivo de simples descrições nunca real e presencialmente confirmadas.

De entre as diversas características geográficas da região, o clima merece a Heródoto uma atenção mais demorada (§§ 28-31) por aquilo que tem de contrastante com o grego. Alguns efeitos concretos na experiência do quotidiano – a consistência da terra, que se repercute no seu uso como material moldável ou como solo a percorrer, as espécies da fauna, a curiosa metáfora das 'plumas' como um achado vocabular para descrever a neve – são uma forma de tornar mais palpável, a um público mediterrânico, o retrato físico de uma região profundamente distinta da sua e cujas diferenças era já tradicional acentuar.

Os costumes dos Citas

Os costumes dos Citas são objecto de uma atenção interessada por parte de Heródoto (§§ 59-82). Para além do facto de se seleccionar aspectos que são, dentro das preferências do historiador, convencionais –

---

[5] Para além de retomar grupos já anteriormente referidos, Heródoto acrescenta ainda outros de importância no confronto com os Persas.

religião, comportamento guerreiro, adivinhação, assunção de compromissos, rituais fúnebres –, das diversas práticas são postos em relevo os pormenores que as destacam das gregas que lhes correspondem. Facilmente se compreende que é a avaliação das diferenças o que justifica a caracterização individual das comunidades humanas, num relato que, pela primeira vez na Grécia, é por excelência dedicado ao confronto explícito entre o mundo grego e o bárbaro.

É em primeiro lugar a religião que prende a atenção de Heródoto. Os nomes dos deuses citas e os seus atributos são rapidamente referidos, a par de diferenças de fundo nas condições do ritual; a não existência de templos, altares ou imagens prescreve naturalmente práticas inéditas para um heleno. O culto de Ares, considerado como um caso à parte, com as suas regras exclusivas, abre um encadeamento natural para o tema do comportamento guerreiro deste povo. Quer na religião, quer na guerra, os Citas dão mostra evidente de selvajaria e barbárie pela prática do sacrifício humano. A execução ritual dos inimigos capturados com vida, a mutilação dos cadáveres, a exibição pública de despojos humanos são temas que Heródoto desenvolve em pormenor, como a marca mais notória da natureza de um povo incivilizado. Tem o historiador a noção clara da simbologia deste comportamento que define uma comunidade marcadamente guerreira, para quem o reconhecimento e prestígio social dependem do êxito alcançado sobre o inimigo e da sua neutralização. As partes normalmente destacadas, o sangue, o braço direito e a cabeça, simbolizam, por um lado, a liquidação completa e definitiva de um adversário e, por outro – no uso que se faz dos despojos como produto de consumo, adereço ou até de objecto utilitário –, a transferência da pujança guerreira do morto para o vencedor.

Num encadeamento lógico com o tema da religião, é contemplada de seguida a adivinhação, que os Citas consideram dádiva de Afrodite e que praticam, não como os Gregos a partir da observação de vísceras animais, mas com recurso a elementos vegetais, estacas ou cascas de árvore. E da adivinhação passa-se, ainda seguindo um nexo lógico, às práticas curativas, uma vez que sobre a doença e suas causas, da pessoa real em particular, são os adivinhos que antes de mais se pronunciam. Curiosamente não é a identificação do mal ou a terapêutica a aplicar que se espera dos vaticínios que pronunciam, mas a denúncia dos responsáveis pela doença que serão aqueles que tiverem jurado falso pela casa real. Não se estranhará, portanto, que o costume considerado a seguir por Heródoto seja a formulação de juramentos com todo o ritual de vinculação dos contraentes, de uma forma que encontra paralelo em outras comunidades orientais (cf. § 70 e nota respectiva).

Do tema da doença real, passa-se ao da morte do soberano e aos rituais fúnebres que são de regra entre os Citas, com mais ou menos aparato em função do estatuto do defunto. A mumificação do corpo precede o cortejo fúnebre, que se alonga pelo tempo suficiente para permitir o périplo pelo território de todos os seus súbditos. Sempre acompanhado de manifestações de pesar, que, para além da simbologia de certos gestos, se exprimem pela automutilação tipicamente bárbara, será por fim sepultado, em terreno próprio nos confins dos seus domínios, com a maior solenidade. Todo o ritual fúnebre tem por princípio geral a preservação, na vida do além, do mesmo quotidiano, familiar e social, que o acompanhou em vida. Essa simulação justifica o sacrifício humano de diversos elementos do círculo doméstico, como também a reconstituição, pelo sacrifício de homens e de cavalos, de um corpo da guarda real. O uso do ouro e da prata nas oferendas traz ao processo o toque final de um enorme requinte, que a arqueologia amplamente confirmou. E julgo que, de uma forma significativa, o historiador evitará alargar-se sobre a descrição dos costumes da corte, no seu quotidiano, na medida em que os reproduz na sua extensão *post mortem*.

A descrição dos rituais de purificação que se sucedem ao contacto com a morte põe termo a este assunto.

O tradicionalismo e a defesa da identidade cultural, pela recusa peremptória de hábitos estranhos, em particular de origem helénica, remata de forma muito curiosa este capítulo etnográfico. Permeados pela presença de colónias gregas no seu território, os Citas desenvolvem este processo de autodefesa em geral, mas com acuidade maior para com esse invasor pacífico. Heródoto abre assim espaço, mais uma vez, à reflexão sobre os resultados, mais ou menos violentos, que a infracção ou o desrespeito pelos *nomoi*, próprios ou alheios, normalmente produzem. O relevo que esta questão tem para o autor de *Histórias* traduz-se na abundância de histórias de ficção, profundamente simbólicas no seu recorte narrativo, que se referem a esta matéria. A história de Giges e Candaules, no Livro I, a da campanha de Ciro contra os Massagetas, no mesmo Livro, como os múltiplos atentados cometidos por Cambises contra os *nomoi* persas e egípcios, no Livro III, podem ser invocados como exemplos expressivos. São desta vez os episódios de Anacársis e Ciles que servem de paradigma à velha polémica de identidades culturais, documentando aspectos de abertura em confronto com o conservadorismo de mentalidades. E não é inútil recordar que, nesta polémica tradicional também na Grécia, que tendeu ao menosprezo geral do bárbaro face ao Heleno, Heródoto assume uma clara atitude de moderação, considerando clarividência e sabedoria a tolerância e a aceitação da diferença no que toca aos *nomoi*⁶. Além disso, a mesma isenção tende a corrigir avaliações tradicionais e infundadas. É sabido que uma velha opinião grega, tão remota quanto Homero, tendia a ver nos povos do norte modelos de rectidão e justiça que, em última análise, puderam fazer dos Hiperbóreos a própria imagem do paraíso. Sem deixar de testemunhar, em casos pontuais, essa tradição – os Argipeus são povos pacíficos por excelência (4. 23), os Issédones e os Getas distintos pela justiça (4. 26, 93) –, a verdade é que o retrato que Heródoto faz dos Citas na globalidade prima pelo realismo, excluídas fantasias e falsos coloridos.

Uma menção rápida ao número atingido pela população cita e às atracções oferecidas ao visitante dentro do seu território rematam este conjunto de capítulos explicitamente dedicados à caracterização cultural deste povo.

A campanha de Dario contra a Cítia

A descrição da campanha de Dario contra a Cítia reveste algumas das características convencionais em Heródoto na estruturação deste tipo de episódios. E, em alguns pormenores, as semelhanças nesta, que é a primeira arremetida persa contra a Europa, com o avanço decisivo de Xerxes para uma conquista e implantação definitiva em território grego são indisfarçáveis. Para esta relação contribui, antes de mais, a intervenção reprovadora de Artabano, que dá a seu irmão Dario um sinal de cancelamento da campanha, que virá a repetir, com veemência maior mas com a mesma ineficácia, junto de seu sobrinho Xerxes (cf. 7. 10, 18). Do mesmo modo, a significativa história de Eobazo, que é um sinal de recusa ou temor das consequências por parte dos súbditos do Grande Rei, tem réplica no episódio de Pítio face a Xerxes (7. 38-39). Logo, parece-me inegável que as próprias circunstâncias dos preparativos das duas campanhas as articulam, voluntária e simbolicamente da parte de Heródoto, como o prosseguimento coeso e continuado de um mesmo plano.

Vencidas as reservas e caladas as vozes da prudência que são um pressuposto na abordagem de cada campanha militar em *Histórias*, o empreendimento está em curso. Segue-se, com aparato de pormenores, o relato da paisagem que é preciso vencer para a execução do projecto⁷.

---

⁶ Cf. 4. 76, onde Anacársis é considerado um sábio pelos conhecimentos que adquiriu em inúmeras viagens e contactos.

⁷ Também neste caso o tema se repete no avanço de Xerxes contra a Grécia: diante do Helesponto, o rei, sentado no trono, numa exibição de poder que é também o reforço da

Reaparece assim o conhecido símbolo da 'barreira líquida', a fronteira que separa os conquistadores do alvo da sua ambição. Rios e mares propõem aos exércitos dificuldades materiais, a que não são alheias simbologias divinas, que têm nos mares e rios canais de defesa da ordem universal e dos limites da sua autoridade perante a *hybris* humana. Assim o entendeu uma época, de que Ésquilo e Heródoto são os testemunhos mais significativos. Pela beleza e dimensão, pormenorizadamente avaliada, o Bósforo produz um espectáculo digno de atenção e coloca ao engenho humano o enorme desafio da superação das barreiras materiais. Se Heródoto não explora claramente a simbologia divina da aventura, a verdade é que a deixa subjacente: o número de homens com que desafia o mar é, pelo próprio volume, uma exibição excessiva do projecto. E o facto é que as lápides em que ficou registada a passagem desse imenso exército entenderam os homens, mais tarde, consagrá-las às divindades. Este o aparato de pormenores e sinais que se jogaram sobre o rei persa, no tempo que precedeu o momento em que pisou, pela primeira vez, solo europeu.

Uma segunda ponte, construída sobre o rio Istro, garantiu a passagem para o terreno inimigo de um invasor, dividido em exército e armada em avanço paralelo, o que se consagrou como o plano de conquista habitual do persa. Referida neste momento de passagem como pormenor sem importância, esta ponte terá, para o desfecho da campanha, um papel decisivo. Precipitado na ordem de a fazer destruir logo após a travessia, Dario cedeu, apesar de tudo, ao conselho sensato dos que o alertavam para a importância de deixar aberto um caminho de regresso (§§ 97-98). Nesta discussão sobre a ponte Dario jogava, sem o saber, a vida e a autoridade, como o remate da campanha deixaria evidente.

Um bloco de informações caracteriza o terreno que se abre diante do invasor. Embora o tom geral da narrativa seja o da informação quanto possível objectiva, a legendagem com que Dario vai semeando o percurso que efectua, sem deixar de ser uma prática persa de implantação no terreno ocupado, não prescinde de uma tonalidade simbólica. Parece evidente o tom de *hybris* que se espelha da inscrição gravada pelo persa nas nascentes do Téaro (§ 91), que 'são as que fornecem a água melhor e mais bela. Até elas veio, ao comando de um exército em campanha contra os Citas, o homem melhor e mais belo de quantos homens existem'. Esta legenda, que antecipa os trâmites de uma campanha, tem sido entendida como uma criação de Heródoto. Parece inegável, em termos simbólicos, o seu

---

sua determinação perante a contabilização das suas forças, regala a vista com a imagem do mar coalhado de navios e bordado, nas margens, de tropas de terra (7. 45).

entendimento como uma estratégia narrativa de que a tragédia fornece também exemplos abonatórios; sem dúvida que Ésquilo, autor de uma legendagem expressiva gravada sobre os escudos dos sete guerreiros invasores de Tebas, poderá referir-se como um paralelo natural. Do conteúdo orgulhoso que estas mensagens contêm, o leitor ou ouvinte familiarizado com um certo código será capaz de prever, sem grande margem de erro, o desfecho inevitável da campanha. Uma descrição da Trácia, com as características geográficas, os povos e seus costumes impõe-se então com pormenor, à medida que as rotas do invasor a vão penetrando (§§ 99-118).

Depois de um conselho de guerra – um elemento também convencional nos episódios que precedem o desencadear de um conflito (veja-se o caso do conselho reunido por Ciro antes do ataque contra os Massagetas, no Livro I, ou o convocado por Xerxes antes de avançar contra a Grécia, no Livro VII; ou, em contrapartida, os conselhos gregos perante a iminência do ataque de Xerxes, Livro VIII) –, que desta vez se desenrola entre os povos atacados, os Citas, inicia-se o conflito. Ao longo deste *logos*, Heródoto vinha insistindo sobre aquela característica que, por parte deste povo selvagem, maior simpatia lhe merecia: 'À raça cita coube, tanto quanto sabemos, encontrar, para uma questão fundamental que se coloca à humanidade, a solução mais apropriada; e a minha admiração pelos Citas fica-se por aqui. Este problema fundamental que eles resolveram traduz-se em que ninguém que os ataque escape ileso, e em que seja impossível apanhá-los se eles não quiserem ser descobertos. É uma gente que não tem cidades nem muralhas; andam de casa às costas e todos eles são archeiros a cavalo; não vivem da agricultura, mas da criação de gado, e as casas levam-nas com eles nas carroças. Um povo assim, como é que não há-de estar protegido de ataques e inacessível?' (4. 46)[8].

---

[8] Cf. 4. 2, em que se valoriza a importância do cavalo dentro de uma comunidade nómada; 4. 97, em que Dario é avisado sobre as dificuldades que coloca uma guerra com um povo com esta mesma prática; 4. 127, em que o rei cita Idantirso confirma, com a descrição que faz do nomadismo do seu povo, a mesma prática. Neste passo, Heródoto incorre em contradição com a exposição etnográfica anterior, no desejo de valorizar os hábitos nómadas dos Citas; quando Dario atravessa o Istro e avança na direcção oriente, deveria atravessar sucessivamente os Citas lavradores e agricultores, os nómadas e, por fim, os reais (§§ 17-20). Mas, neste momento, o que se afirma é que, em toda a travessia deste território, não se encontra nada que pilhar, porque todo o terreno é inculto (§ 123 e respectiva nota). Logo o que se valoriza é a ideia do exército persa em confronto com um povo errante, por excelência nómada.

À medida que o recontro com os Persas se torna iminente, o regime de vida nómada estabelece-se como um factor decisivo para o desenvolvimento e resultado da campanha[9]. Esta opção de hábitos desconhecida do invasor, que não se demove com os alertas que lhe vão sendo transmitidos e que insistem sempre nesta característica como a maior dificuldade na guerra (aviso de Artabano, § 83, do comandante das forças de Mitilene, §97, ou do próprio rei cita Idantirso, § 127), faz desta campanha um conflito de *nomoi* e funciona de novo, para o leitor familiarizado com Heródoto, como um aviso: o da fatalidade que sempre coroa comportamentos que desconhecem ou menosprezam os hábitos de um grupo étnico[10]. A descrição da expedição propriamente dita será sempre, a partir do § 120, a demonstração de uma guerra paradoxal, que surpreende o lado agressor pela total incompreensão que tem de cada situação. Antes de mais porque o ataque se alonga como uma perseguição imparável atrás de um inimigo permanentemente em fuga[11]; logo porque as estratégias ensaiadas pelo persa, como a de construir fortalezas, de ocupação e resistência (§ 124), em nada se adequam à situação concreta; depois porque a leitura que Dario faz da situação, de que fuga signifique impotência ou cobardia, nada tem a ver com o real significado dos factos (§§ 126-127); e ainda porque esta guerra fria, segundo uma estratégia de terra queimada, impede o abastecimento e abala a capacidade física e psíquica do invasor; em conclusão, toda esta incompreensão produz, além do insucesso, uma profunda humilhação para as ambições imperialistas do poder persa.

Um enigma colocado ao grande rei pelas autoridades citas, sob a forma do envio de vários animais e objectos simbólicos – uma ave, um rato, uma rã e cinco flechas (§§ 131-132) –, cuja interpretação Dario de novo erra, faz o balanço geral desta campanha. A leitura optimista que o rei persa propõe da mensagem cita é a prova final da sua fraqueza, que

---

[9] Por tradição, os Gregos identificavam os Citas com a prática nómada, e vários testemunhos literários o documentam. Assim Ésquilo, no *Prometeu*, ao enunciar o roteiro de fuga destinado a Io (vv. 707-712); como ainda Píndaro, fr. 105 b Snell, parodiado por Aristófanes, em *Aves* 941-942. Heródoto alarga esta noção tradicional pelo reconhecimento de que este mesmo regime de vida é corrente entre outros povos também.

[10] Cf. *supra* p. 24.

[11] Corcella, nas páginas de introdução que dedica à campanha de Dario propriamente dita (XXI-XXIV), acentua a inexactidão de Heródoto na narrativa da marcha persa contra a Cítia, que lhe parece anárquica e incompatível com o tempo estabelecido para a percorrer. De facto, no pormenor das etapas feitas pelo perseguidor, não deixará de haver alguma imprecisão e fantasia. Mas a ideia geral que Heródoto quer imprimir ao episódio e que é a de uma marcha cega, desgovernada, esgotante, atrás de um inimigo incompreensível, e que produz um resultado nulo, torna-se patente e mais expressiva.

resulta do desconhecimento e da incompreensão total de um inimigo que não logrou conhecer em todo o tempo que o perseguiu e lhe penetrou o território. Em contrapartida, o bárbaro, neste momento muito mais clarividente, envia uma mensagem, silenciosa mas expressiva. É o entendimento perspicaz da situação que lhe dá, de forma visível, vantagem óbvia nesta guerra. A partir desta evidência, Dario estava, na prática, vencido. Claramente a vantagem passa para o adversário, que comanda agora, da forma mais evidente, os acontecimentos; procura cortar-lhe a retirada com o derrube da ponte sobre o Istro, desafia por uma indiferença total as últimas convicções de superioridade do invasor[12]. A vitória está ganha e não fosse a traição dos Iónios, guardiães da ponte, que se comprometem a destrui-la mas acabam cedendo vergonhosamente aos interesses pessoais e mesquinhos de uma aliança com os Persas, teria tomado proporções de uma verdadeira catástrofe para os invasores. Assim, porque lhes não foi vedado o caminho da fuga, terminou apenas em vergonha e frustração.

Vistos como um povo, em muitos aspectos remoto e desconhecido, os Citas representam mais um exemplo de uma comunidade étnica primitiva, com alguns costumes selvagens, mas nem por isso desprovidos de uma dignidade e de um valor próprios. Diante de Dario, o seu papel é semelhante ao que os Masságetas desempenharam perante Ciro, no Livro I, ou os Etíopes perante Cambises, no Livro III. De alguma forma menosprezados pelo imponente invasor persa, como selvagens e inferiores, os Citas revelaram, na resistência que opuseram aos perseguidores, uma potência nunca suspeitada. Potência desconhecida até do próprio cita, que nunca alimentou, apesar do seu potencial, qualquer sonho ilegítimo de invasão ou de conquista. Essa a vantagem que lhe dá o prémio da salvação e da liberdade.

---

[12] A indiferença que os Citas, entretidos na perseguição de uma lebre, mostram perante o inimigo persa (4. 134), tem réplica na surpresa que representa para Xerxes saber que, apesar da ameaça da sua presença, os Gregos continuam tranquilamente a celebrar os jogos (8. 26).

HISTÓRIAS
Livro IV
Tradução
(1-144)

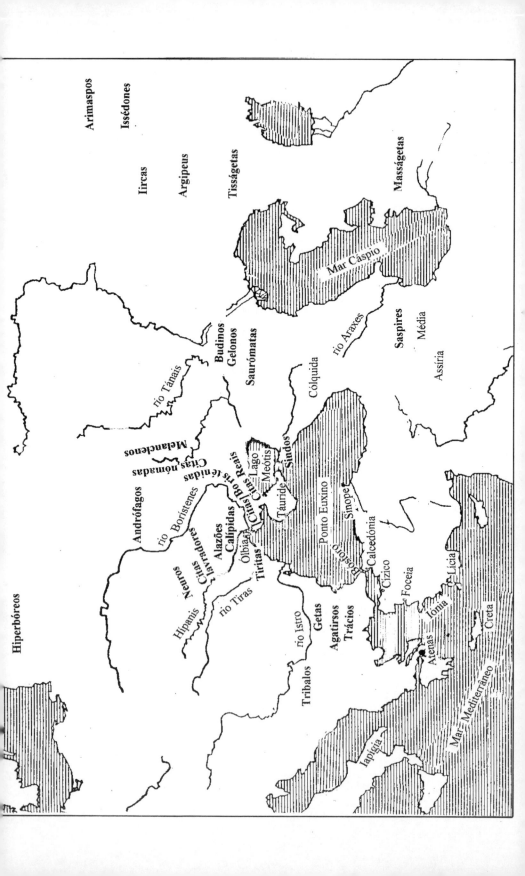

Depois da tomada de Babilónia, Dario, sob seu comando directo, fez uma expedição contra os Citas¹. O crescimento da Ásia em recursos humanos e os fundos entretanto arrecadados estimulavam-no à vingança; de facto, os Citas, ao invadirem, em tempos idos, a Média e ao imporem--se, pela força das armas, a quem lhes fazia frente, deram início a um processo de agressão². Tinham tido, como anteriormente afirmei³, o domínio da Ásia Superior durante 28 anos. Foi em perseguição dos Cimérios que penetraram na Ásia e vieram pôr fim ao poder dos Medos, que, antes da chegada dos Citas, eram quem governava esse território⁴. Após uma ausência de 28 anos, no momento em que, tanto tempo passado,

1.1

2

3

---

¹ Sobre a conquista de Babilónia, consumada em 521 a. C., cf. Heródoto 3. 150-159. A relação cronológica entre as duas campanhas, contra Babilónia e contra a Cítia, deixa-a Heródoto muito vaga e, por conseguinte, controversa a data desta segunda expedição (provavelmente entre 515-510 a. C.). Sobre o assunto *vide* Introdução, p. 16.

² Mais uma vez Heródoto insiste sobre o motivo da vingança como um móbil fundamental para a justificação de uma campanha bélica. Sobre a importância deste tema nos episódios respeitantes às causas determinantes de cada experiência histórica, *vide* H. R. Immerwahr, 'Aspects of historical causation in Herodotus', *TAPhA* 87, 1956, pp. 241-280.

Por Citas, designavam-se os povos nómadas que ocupavam a vasta região das estepes, praticamente desde a China, a leste, até ao Danúbio, a ocidente. Estes povos provinham decerto da Ásia Central e promoveram uma arremetida contra o ocidente nos séc. VIII e VII a. C., visto eles próprios serem pressionados por outros povos seus vizinhos. Estas duas afirmações genéricas deixam implícitas outras tantas questões fundamentais: em primeiro lugar, uma certa indefinição na designação de Citas, que cobre uma ampla variedade étnica e encontra alguma coesão nos hábitos semelhantes que as diversas comunidades praticam; por outro lado, sempre foi característica deste enorme bloco uma certa movimentação de povos, que suscitou sucessivas fusões e harmonizações entre eles.

³ Cf. 1. 106. 1. Esta noção de que 'dominaram a Ásia' durante 28 anos deverá significar que fizeram incursões até ao Egipto e que, no conflito entre Assírios, Medos e Babilónios, a sua intervenção foi decisiva. A Ásia Superior separava-se da Ásia Inferior (ou seja, da Ásia Menor) na região a leste do rio Hális.

⁴ Cf. Heródoto 1. 103-105. Muito discutível é também a historicidade da invasão cita, bem como a sua possível datação. No vol. IV da *Cambridge Ancient History* (pp. 19 sq.), deixa-se claro um certo desânimo em volta da clarificação deste assunto, por ser a

regressavam à sua terra, viram-se a braços com uma crise não menor do que a vivida na Média: encontraram pela frente um exército que não era de pouca monta. É que as mulheres dos Citas, perante essa tão longa ausência dos maridos, tinham-se entregado aos escravos[5].

2.1 A todos os escravos que possuem, os Citas cegam-nos[6] por causa do leite que consomem e que recolhem pelo sistema seguinte: pegam nuns canudos em osso, muito semelhantes a flautas, introduzem-nos na vagina das éguas e sopram-lhes com a boca; enquanto uns sopram, outros ordenham-nas. Dizem eles que procedem assim por esta razão: por efeito

2 do sopro, as veias da égua incham e distendem a teta[7]. Depois de extraírem o leite, deitam-no em vasilhas fundas de madeira e dispõem em volta os cegos a baterem-no. A parte que vem ao de cima, que consideram a melhor, retiram-na; a de baixo, acham-na de inferior qualidade. É este tipo de trabalho que determina que os Citas ceguem todos aqueles que capturam. É que não são agricultores, mas nómadas[8].

---

cronologia estabelecida por Heródoto bastante inconsequente e não existirem outras abonações para o domínio dos Citas no Médio Oriente. Está comprovada a sua presença na região de Zagros por volta do séc. VII a. C., mas talvez só mais tarde se tenha dado a sua absorção pelos Medos. Sobre a invasão ciméria, vide *The Cambridge Ancient History*, III, pp. 188 sqq., 507 sqq.

Por seu lado os Cimérios, provenientes do mar de Azov no sul da Rússia, aparecem como os motivadores do avanço dos Citas que vinham em sua perseguição. No entanto, a vinda dos dois povos não é cronologicamente tão próxima como Heródoto quer fazer crer, porque, se os Cimérios chegaram ainda no séc. VIII a. C., os Citas só são referidos nos registos assírios em princípios do séc. VII a. C.

[5] Outros testemunhos antigos corroboram este confronto entre os Citas de regresso à pátria e a oposição que lhes fizeram os filhos ilegítimos: cf. *FGrHist* 555 F13.

[6] No comentário que faz deste passo, A. Corcella (p. 230) acentua as dúvidas que lhe deixa esta informação de Heródoto, de resto isolada, sobre o hábito cita de cegar os escravos; encontra, para ela, uma interpretação de carácter linguístico: é que os Citas designavam por *Antai*, 'cegos, obscuros', os povos sobre os quais exerciam domínio.

[7] Com esta referência à ordenha das éguas, Heródoto deixa desde o início patente a enorme importância que o cavalo tinha na vida do povo cita, não apenas para montar, mas para o fornecimento do leite e consequente produção de derivados, bem como em rituais de sacrifício. Esta é uma realidade a que todo o *logos* cita apela constantemente. Quer a preferência pelo leite de égua, como o sistema de ordenha aqui narrado, são comuns entre os povos da Ásia Central e da Arábia. Depois o processo de tratamento do leite produzia a consolidação progressiva de uma camada, mais superficial, de manteiga, e de uma outra, mais profunda e mais densa, de queijo.

[8] Ou seja, como os escravos entre os Citas não se ocupavam de tarefas agrícolas mas simplesmente do fabrico de lacticínios, a visão não lhes fazia falta. Outro motivo mais aceitável para a cegueira dos escravos podia ser a tentativa de os impedir de fugir ou de roubar; a relação entre a cegueira, a ordenha das éguas e o tratamento do leite é pouco convincente.

Desses escravos e das mulheres tinha nascido uma nova geração que, quando tomou conhecimento da sua origem, fez frente àqueles que regressavam da Média[9]. Primeiro isolaram a região, escavando um fosso enorme que se estendia das montanhas da Táuride até ao lago Meótis no sítio onde ele é mais largo[10]. Depois ofereceram resistência aos Citas que procuravam atravessá-lo e combateram-nos. Mas como as escaramuças eram frequentes e dessas lutas os Citas não obtinham quaisquer resultados, houve um deles que disse: 'Que andamos nós a fazer, Citas? Ao combatermos os nossos escravos, nós próprios nos vamos reduzindo em número porque alguns morrem; e ao matá-los a eles, reduzimos também em número aqueles que hão-de ficar no futuro sob a nossa autoridade. Por conseguinte, na minha opinião, o que temos a fazer é pousar lanças e arcos, pegar cada um no chicote com que fustiga o cavalo e avançar contra eles. É que enquanto eles nos viam de armas na mão, consideravam-se nossos iguais e de origem equivalente à nossa. Mas quando nos virem empunhar chicotes em vez de armas, vão perceber que é nossos escravos que eles são; e, ao constatarem esse facto, não hão-de opor mais resistência'. Os Citas ouviram a proposta e puseram--na em execução. Foi portanto assim que os Citas dominaram a Ásia; mas, por sua vez, expulsos pelos Medos, regressaram à sua terra como acabei de expor. E eis porque Dario, na intenção de se vingar deles, reuniu um exército para os atacar.

Ao que afirmam os Citas[11], o povo a que pertencem seria, de quantos

---

[9] A noção do perigo que podia representar para uma sociedade a geração nascida dos escravos vem também expressa por Aristóteles, *Política* 1306b e, a propósito de uma geração nascida em Esparta durante a ausência dos homens na Primeira Guerra Messénica, em *FGrHist* 220 F 26. Por isso, os jovens citas atacam os que regressam para prevenirem qualquer futura ameaça ou vingança.

[10] A Táuride corresponde hoje à região da Crimeia que se estende até ao lago Meótis (mar de Azov). Tal como Heródoto descreve o fosso, ele teria uma disposição sul-norte e só serviria para barrar a passagem dos Citas se eles proviessem do estreito de Kerch. Pela pouca apropriação desta barreira estabelecida neste sítio e também, de certa forma, pela falta de vestígios que a abonem, pensa-se que a descrição de Heródoto não seja muito precisa por falta de um conhecimento directo da região.

[11] Heródoto passa a tratar agora das origens dos Citas, começando pela versão dada pelo próprio povo em causa. Não lhe faltam traços convencionais: em primeiro lugar, a noção do homem que tem três descendentes – decerto, entende Corcella (p. 232), em atenção à tradicional repartição da sociedade em sacerdotes, guerreiros e produtores de riqueza –, a queda do céu de objectos simbólicos, a força do fogo que os torna incandescentes e a atribuição, com o toque do transcendente, do poder ao mais novo dos três irmãos (cf. 4. 10. 2, 8. 137). Não é, no entanto, clara a relação possível entre estas três estirpes e a futura repartição dos Citas em agricultores, nómadas e reais, como é estabelecida por Heródoto a partir do cap. 17.

2   existem, o mais recente[12] e teria sido esta a sua origem: naquela terra, então deserta, nasceu um primeiro homem, de nome Targitau. Desse tal Targitau, na versão deles, os pais foram – para mim o que eles dizem não merece crédito, mas, enfim, é o que dizem – Zeus e uma filha do rio Borístenes[13]. Nascido destes progenitores, Targitau teve, por sua vez,
3   três filhos, Lipoxes, Arpaxes e Colaxes[14], o mais novo de todos. Durante o tempo em que reinaram, tombaram do céu uns objectos em ouro, um arado, um jugo, uma bipene e uma taça[15], que foram cair em terra cita. O mais velho dos três, que foi o primeiro a ver o prodígio, aproximou-se disposto a apanhá-los; mas quando se abeirou deles, o ouro incendiou-
4   -se. Afastou-se então e avançou o segundo, mas voltou a suceder a mesma coisa. Portanto, a estes dois, o ouro, ao tornar-se incandescente, afastou--os. Mas quando se apresentou o terceiro, o mais novo, o fogo extinguiu--se e ele pôde levá-los para casa. Ao tomarem conhecimento destes sucessos, os irmãos mais velhos cederam ao mais novo o trono, sem partilha.

6.1   De Lipoxes nasceram os Citas do grupo que chamamos Aucatas; do irmão do meio, Arpoxes, os Catíaros e os Tráspies; do mais novo dos
2   irmãos, que foi rei, os chamados Parálatas[16]. A designação comum a todos seria Escólotos. Citas foi a denominação que lhes deram os Gregos,
7.1   a partir do nome do seu rei[17]. Foi portanto esta a origem dos Citas, na

---

[12] Justino (2. 1) dá exactamente a opinião contrária ao acentuar a antiguidade dos Citas, que, de resto, disputavam com os Egípcios uma polémica de anterioridade relativa (cf. 2. 1). Curiosamente, entre estes dois *logoi* em Heródoto, o cita e o egípcio, há uma simetria clara: dos Egípcios começa por se dizer que são o povo mais antigo, dos Citas que são o mais recente.

[13] O rio Borístenes é o Dniepre, a que está associado um culto muito antigo. A filha do Borístenes é a deusa da água e da terra, designada por Api, e mulher de Zeus (cf. *infra* 53, 59).

[14] Os três nomes registam um segundo componente comum, *-xes*, que, na língua irânica, significa 'reinar'.

[15] Este conjunto de objectos simboliza as diversas categorias sociais: o arado e o jugo associados aludem aos que trabalham o campo, a bipene é típica dos guerreiros (cf. 7. 64. 2; a mesma arma era também usada pelos Massagetas, 1. 215. 1) e a taça sugere os sacerdotes.

[16] Também Plínio (*História natural* 4. 88, 6. 22, 50) enumera tribos de povos citas, sem que haja, porém, correspondência de designações com as aqui referidas por Heródoto. A tonalidade desta onomástica denuncia-a como trácio-frígia. Destes grupos étnicos, Plínio hesita em situar os Aucatas ora na Rússia meridional (4. 88), ora no Cáucaso (6. 22). Esta divisão em três tribos, das quais uma se encontra repartida em dois blocos com denominação diferente, deve corresponder a uma fase muito antiga na história deste povo, anterior ao tempo em que os Citas vieram ocupar regiões onde Heródoto os pôde conhecer directamente (séc. VI e V a. C.).

[17] Esta observação, 'a partir do nome do seu rei', deixa muitas dúvidas de interpretação

versão que eles próprios dão. E desde que existem, a começar no tempo do seu primeiro monarca Targitau até à campanha de Dario, decorreram, segundo eles afirmam, no máximo, mil anos, não mais. O ouro sagrado a que me referi guardam-no os reis[18] com todo o cuidado e cada ano fazem, em sua honra, grandes sacrifícios propiciatórios. Se quem tem, durante o tempo da festa, o encargo do ouro sagrado adormecer ao ar livre, asseguram os Citas que não passa desse ano. São-lhe dadas, por isso[19], todas as terras que correspondam ao que, a cavalo, ele consiga percorrer durante um dia. Dada a extensão do país, Colaxes dividiu-o pelos seus três filhos em três reinos; a um deles, aquele em que está guardado o ouro, atribuiu um espaço maior. A zona mais setentrional, situada a norte, acima do território que estes povos habitam, dizem eles que não é possível vê-la nem continuar a percorrê-la por causa das plumas que por lá há espalhadas[20]. Terra e céu estão cobertos dessas plumas e são elas que impedem a visão.

São estas as considerações que os Citas fazem sobre si próprios e sobre a região que lhes fica a norte. Porém os Gregos que habitam o Ponto têm outra versão[21]: que Hércules, quando guiava as vacas de Gérion, chegou a essa tal terra, então deserta, mas hoje em dia habitada pelos Citas. Gérion morava longe do Ponto, naquilo que os Gregos chamam ilha de Eriteia, perto de Gadira, para além das Colunas de

2

3

8.1

2

---

e por isso já foi até proposta, por alguns editores, a sua supressão. A relação entre Escólotos e Colaxes, o nome do seu rei, não parece filologicamente sólida, nem a ordenação das palavras no texto a deixa pressuposta com clareza. Ao colocar a expressão a seguir à designação grega de Citas, a relação terá de fazer-se com o nome do rei Citas, referido no cap. 10.

[18] Estes reis, guardiães do ouro sagrado, são os que sucessivamente dominam sobre o maior dos reinos da Cítia.

[19] Segundo a leitura de Corcella (p. 234), a concessão deste pedaço de terra é feita, como compensação, àqueles que estão predestinados a morrer naquele ano (os que adormeceram, portanto), não aos que tenham conseguido ultrapassar esta prova. Alguns comentadores valorizam o desajuste existente entre a noção de povo nómada e a concessão de um pedaço de terra; por isso, consideram existir, da parte de Heródoto, alguma confusão na atribuição aos Citas de costumes que seriam de outros povos, nomeadamente os Calmucos, habitantes dos Urais.

[20] Sobre a natureza destas plumas, que Heródoto sabe perfeitamente identificar com flocos de neve, cf. *infra* 31.

[21] Estes são os Gregos que habitavam as costas do Mar Negro, então designado por Ponto Euxino ou 'hospitaleiro', dado o número de cidades gregas aí estabelecidas. Esta lenda acomoda a tradição épica com motivos da cultura local, de modo a dar aos Gregos um papel de antecedência sobre o povo da região; assim se torna mais justificada também a sua presença no território em causa. Como herói errante por natureza, Hércules revestia uma personalidade adequada para assumir esse papel de fundador.

Hércules, já na margem do Oceano²². Oceano que, segundo a teoria deles (porque provas concretas não as há), tem origem a nascente e rodeia a terra inteira²³. Quando Hércules, vindo dessas paragens, chegou à região que hoje se chama Cítia, apanhado pelo inverno e pelo frio, cobriu-se com a pele de leão e adormeceu. Entretanto as éguas, que ele desatrelou do carro, puseram-se a pastar e desapareceram milagrosamente²⁴. Quando despertou, Hércules pôs-se-lhes no encalço e, depois de percorrer o país inteiro, chegou por fim a uma terra chamada Hileia²⁵. Aí, numa gruta, foi encontrar um ser híbrido, misto de mulher e serpente: da anca para cima era mulher, para baixo serpente²⁶. Ao dar com ela ficou estupefacto e perguntou-lhe se tinha visto umas éguas à solta por ali. A jovem respondeu que era ela quem as tinha em seu poder e que lhas não devolveria antes de ter relações com ele. Hércules fez amor com ela por esse preço. Ela lá ia adiando a devolução das éguas, desejosa de manter, todo o tempo possível, essa relação com Hércules, ao passo que o que ele pretendia era recuperá-las e partir. Por fim, a jovem lá lhas devolveu com estas palavras: 'Quando estas éguas cá vieram parar, quem tas salvou fui eu; e tu compensaste-me de as ter salvado, porque de ti gerei três filhos. Estes, quando forem adultos, diz-me lá tu o que devo fazer com eles, se fixá-los aqui (já que o poder desta terra me pertence), ou enviá--los para junto de ti'. A esta pergunta, Hércules teria, ao que consta, respondido desta maneira: 'Quando vires que os teus filhos chegaram à

---

²² Habitante dos confins ocidentais da terra, Gérion, um monstro de três cabeças e três corpos, mas senhor de um sem número de belas manadas, desempenhou a função de um dos poderosos inimigos de Hércules. Ao percorrer a Europa, que limpou de muitos dos seus monstros, Hércules atingiu Tartesso na Hispânia, onde Gérion reinava. O roubo das suas vacas constituiu o décimo trabalho do herói.
Heródoto faz uma localização pormenorizada do enquadramento geográfico do monstro. Habitava a ilha de Eriteia ou 'ilha rubra', decerto devido à tonalidade do sol poente, situada perto de Cádiz (Gadira; cf. Apolodoro 2. 5. 10). Estamos portanto a falar de ilhas atlânticas que, para os Gregos, não passavam de mito. Quanto às Colunas de Hércules seriam dois pilares, erguidos por Hércules, um de cada lado do estreito. Sobre o assunto, *vide* R. Graves, *The Greek Myths*, II, Middlesex, reimpr. 1977, pp. 132-140.

²³ Esta teoria do Oceano que envolve a terra vem também referida por Heródoto em 2. 21, 23. Mas já a encontramos na épica: cf. *Ilíada* 18. 607-608, *Odisseia* 11. 13.

²⁴ O herói que se cobre com a pele do leão de Nemeia, símbolo de uma das suas façanhas, corresponde ao padrão tradicional entre os Gregos. Por seu lado, o Hércules que viaja num carro puxado por éguas parece uma concessão a um modelo de tonalidade cítia.

²⁵ Sobre a Hileia, *vide infra* 18. 1, 19, 76. 4. Heródoto deixa claro o sentido etimológico do nome desta região, que significa 'terra arborizada'.

²⁶ Já em Hesíodo (*Teogonia* 295-300) existe uma referência a um ser deste tipo; as duas naturezas que acumula, de mulher e serpente, sugerem-lhe atributos divinos que têm a ver com fertilidade e terra.

idade adulta, faz o seguinte que não te sairás mal: aquele dos três que tu vires manejar este arco assim[27] e cingir o cinto como eu faço, esse trata de o instalar nesta terra; em contrapartida, aquele que se não desempenhar bem destes actos que referi, manda-o embora deste lugar. Se agires desta forma, terás razões de alegria no que te diz respeito, além de cumprires o que te recomendei'. Distendeu então um dos seus arcos (é que até àquele momento trazia dois consigo), fez uma demonstração com o cinto e entregou-lhe arco e cinto; este, na ponta onde apertava, tinha uma taça de ouro[28]. Depois de lhos entregar, partiu. Ela, quando os filhos que teve se tornaram adultos, pôs-lhes estes nomes: a um Agatirso, ao seguinte Gelono[29] e Cites ao mais novo. E recordada da recomendação que tinha recebido, seguiu-lhe as instruções. Dois deles, Agatirso e Gelono, não foram capazes de executar a prova proposta e, expulsos pela mãe, partiram da sua terra; o mais novo, Cites, conseguiu e ficou. É de Cites, filho de Hércules, que descendem os sucessivos reis dos Citas. Por outro lado, da tal taça resulta que, até aos nossos dias, os Citas usam taças nos cintos. Foi assim que a mãe arranjou as coisas de modo que Cites permaneceu. É esta a história que contam os Gregos que habitam o Ponto[30].

Existe ainda uma outra versão desta história, a que eu adiro de alma e coração[31]. Os Citas nómadas que habitavam na Ásia, pressionados pelos Massagetas[32] que lhes faziam guerra, atravessaram o rio Araxes[33]

10.1

2

3

11.1

---

[27] Os Citas tinham um modo próprio de distender o arco, puxando a corda em direcção ao ombro: vide schol. Il. 4. 122-123, 8. 325; Platão, Leis 795a. De resto, o arco sempre foi a insígnia por excelência dos povos nómadas, com uma curvatura adequada ao manejo por cavaleiros, tal como ainda hoje o arco manchu.

[28] Naturalmente este remate do cinto, que se assemelha a vários adornos que a arqueologia revelou como típicos da civilização cita, serviria de fecho. Os achados arqueológicos comprovaram a abundância de jóias, de ouro e prata, usadas pela população cita de ambos os sexos.

[29] Os nomes de Agatirso e Gelono correspondem a outros etnónimos: os Agatirsos ocupavam a região noroeste da Cítia, a Transilvânia (cf. *infra* 104), enquanto os Gelonos (ou Budinos) se situavam a nordeste (cf. *infra* 108), possivelmente na região do Volga.

[30] Com o motivo tradicional dos três herdeiros entre os quais se impõe o mais novo (cf. *supra* nota 11) combina-se agora outra componente muito tradicional, a prova do arco.

[31] Ainda que recheada de elementos de ficção, esta é de facto a versão mais verosímil dentro de uma perspectiva histórica. Na sua base está a ideia de uma migração cita provinda de oriente, sob a pressão de outros povos, movimentações estas que parecem naturais ou mesmo inevitáveis em áreas de tradição nómada.

[32] Os Massagetas tiveram, em *Histórias* de Heródoto, um papel desenvolvido como o último inimigo defrontado por Ciro (1. 201-216). Aí é repetida a informação de que se trata de um povo forte e numeroso, situado, no séc. VI a. C., em paisagens remotas do lago Aral.

2   e partiram para a Ciméria. De facto, a terra que hoje os Citas habitam, diz-se que outrora pertencia aos Cimérios[34]. Estes, quando os Citas avançaram, perante um exército tão numeroso avaliaram a situação e as opiniões dividiram-se. Havia duas tendências fortes, mas a dos reis era a melhor. O povo sustentava que era preferível partir e que se não deveria permanecer e correr o risco de enfrentar tamanho exército; os reis, que
3   se devia lutar em defesa do país contra os invasores. E nem o povo queria ceder à vontade dos reis, nem os reis à do povo. Este então decidiu partir sem luta e entregar a terra ao inimigo; os reis, por seu lado, foram de opinião de morrer e repousar na sua terra em vez de fugirem com o povo, fazendo contas a quantas regalias tinham e, em caso de fuga da pátria, a
4   quantos males teriam provavelmente de se expor. Face à radicalização das posições, dividiram-se em dois grupos equivalentes em número e combateram entre si. Todos os que morreram às mãos uns dos outros o povo cimério sepultou-os na margem do rio Tiras[35] (o túmulo deles ainda é visível), e só depois de os enterrar se fez a evacuação do país. Daí que os Citas, quando chegaram, tenham ocupado um território deserto.

12.1   Ainda hoje na Cítia existem muralhas cimérias, um estreito cimério, uma região de nome Ciméria e um Bósforo chamado Cimério[36]. Quanto

---

[33] Sobre o Araxes, como o rio que limitava o território masságeta, vide 1. 202. A descrição que Heródoto dele faz, como o rio que vem da Arménia desaguar no Mar Cáspio (cf. *infra* 40), reúne características de vários rios e impede uma identificação clara deixando em aberto várias possibilidades: pode-se tratar do Oxo, que faz fronteira entre o território persa e os Masságetas, mas não desagua no Cáspio; outra hipótese, que parece provável neste passo, seria a sua identificação com o Volga.

[34] As menções aos Cimérios feitas em textos da antiguidade oriental (no Antigo Testamento e em registos assírios) são abundantes. Na Grécia, já a *Odisseia* 11. 14-19 os refere e, no entanto, o conhecimento que temos da sua identidade é escasso. Heródoto deixa clara a sua transferência, decerto já em finais do séc. VIII, das costas do Mar Negro, por pressão dos Citas (cf. 1. 15, 103). Através do Cáucaso e do Helesponto vieram a penetrar na Ásia Menor, onde permaneceram cerca de um século (entre inícios dos séc. VII e VI a. C.). Interferiram então, de uma forma nítida, na história da região: colaboraram na derrocada do império assírio, dominaram a Frígia, conquistaram Sardes (Heródoto 1. 15) e Sinope (Heródoto 4. 12) onde se estabeleceram, e não deixaram de atacar os Gregos da Iónia (cf. Calino fr. 1 West; Estrabão 14. 1. 40, 647-648). Coube a Aliates, rei da Lídia, expulsá-los no séc. VI a. C. (Heródoto 1. 6). *Vide The Cambridge Ancient History*, III, pp. 188-189; *ibid.* III. 2, pp. 559-560.

[35] Este é o rio Dniestre.

[36] Ainda hoje se conservam vestígios destas muralhas cimérias, repartidas em dois blocos situados na península de Kerch, numa paisagem de fossos e vales; o estreito cimério corresponde ao hoje designado por Enícale, à entrada do Mar de Azov; a região com o nome de Ciméria, na actual Crimeia, corresponde ao extremo oriental da Táuride; por fim, o Bósforo Cimério era o nome por que os Gregos conheciam o estreito de Kerch.

aos Cimérios, é evidente que fugiram para a Ásia perante a invasão cita e que colonizaram a península, onde hoje fica a cidade grega de Sinope³⁷. Não é também menos óbvio que os Citas, na perseguição que lhes fizeram, acabaram invadindo a Média, por se terem enganado no caminho. De facto, os Cimérios fugiam sempre ao longo do mar, enquanto os Citas que os perseguiam, com o Cáucaso à direita, fizeram um desvio para o interior e penetraram na Média³⁸.

Conta Arísteas³⁹, filho de Cestróbio, um homem do Proconeso, autor de um poema épico, que, possuído por Febo, chegou aos Issédones⁴⁰, e que acima dos Issédones vivem uns homens, os Arimaspos, que só têm um olho; para além desses, estão os Grifos guardiães do ouro; depois deles, os Hiperbóreos, que se estendem até ao mar. Que, à excepção dos Hiperbóreos, todos esses povos, a começar pelos Arimaspos, levam o tempo a fazer guerra aos vizinhos. Assim os Issédones foram expulsos do seu país pelos Arimaspos, os Citas pelos Issédones; os Cimérios, por

---

³⁷ Sinope situava-se na margem sul do Mar Negro e a sua fundação, segundo testemunhos literários, remonta a tempos míticos, por altura da expedição dos Argonautas. A ocupação ciméria pode ter ocorrido durante o séc. VIII a. C.; por seu lado, a colonização grega deve datar do séc. VII a. C. e foi da iniciativa de Mileto. Tudo é, contudo, muito discutido no que respeita à data da intervenção grega na região, que ou se recua até ao séc. VIII ou se avança para o VII. Sobre os argumentos utilizados, vide *The Cambridge Ancient History*, III. 3, pp. 122-123.

³⁸ Os comentadores tendem a duvidar desta informação de Heródoto. Nem é provável a rota atribuída aos Cimérios, ao longo da costa oriental do Mar Negro, nem a perseguição dos Citas quando o território a ocupar tinha já sido abandonado antes da sua chegada.

³⁹ Há dúvidas quanto à datação relativa a esta figura de Arísteas, que, no entanto, parece poder recuar-se, segundo algumas opiniões, a anos remotos do séc. VIII a. C., e localizar-se no Proconeso, hoje ilha de Mármara. Pelo contrário, há quem entenda, a partir das características linguísticas dos fragmentos conservados, que a data provável fosse mais tardia, c. do séc. VI a. C. Por sua vez Heródoto parece situá-lo c. de 260 anos antes da sua própria época, ou seja, em finais do séc. VII a. C. O poema épico de sua autoria, com o título de *Arimaspeias*, narrava a sua própria viagem, com grande carga de fantástico, aos limites norte do mundo conhecido de então. Entre os Issédones, colheu informações sobre episódios relacionados com as gentes do norte, os Arimaspos, povo de um só olho, os Grifos, guardiães do ouro, e os Hiperbóreos, um povo remoto preferido por Apolo. Mas a verdade é que a existência de ouro na Ásia Central era um facto e, no seu comentário (p. 307), How and Wells tendem a crer que os Arimaspos, por exemplo, fossem tribos nómadas autênticas, embora cobertas de lendas, que ocupavam esses longínquos territórios.

Sobre esta personagem de poeta, *vide* A. Lesky, *Historia de la Literatura Griega*, trad. esp., Madrid, 1968, pp. 184-185.

⁴⁰ Sobre os Issédones, um povo de origem cita localizado a oriente dos Urais, cf. Pausânias 1. 24. 6. Mais adiante, 4. 25. 2, Heródoto refere-se de novo a este povo, bem como aos Arimaspos, decerto mongóis, em 4. 27 e aos Hiperbóreos, em 4. 32-36.

	seu lado, que habitavam as margens do mar do sul[41], foram forçados pelos Citas a abandonar a região. Ou seja, nem tão pouco esse poeta, no que respeita àquele espaço, está de acordo com os Citas[42].
14.1	Foi à terra de Arísteas, o autor do tal poema, que me acabei de referir. Vou agora aludir à história que sobre ele ouvi contar no Proconeso e em Cízico[43]. Arísteas – é o que por lá corre – que, em nascimento, não ficava atrás de nenhum outro cidadão, um dia, no Proconeso, ao entrar na loja de um pisoeiro, caiu morto. O pisoeiro fechou à chave o
2	estabelecimento e partiu a anunciar a morte à família. Já o rumor do falecimento de Arísteas corria pela cidade inteira, quando um sujeito de Cízico, vindo da cidade de Ártace[44], armou uma discussão com os que o apregoavam. Dizia ele que tinha encontrado Arísteas a caminho de Cízico e que até tinham estado a conversar. E enquanto o sujeito se mantinha firme contra os seus opositores, os familiares do morto dirigiram-se à
3	loja, munidos de tudo o que era necessário para levantar o corpo. Abriu--se o estabelecimento e Arísteas não estava lá, nem morto nem vivo. Todavia seis anos mais tarde, voltou a aparecer no Proconeso e compôs o tal poema que hoje em dia é conhecido entre os Gregos por *Arimaspeias*.
15.1	Concluído o poema, desapareceu pela segunda vez. É esta a versão que

---

[41] O mar do sul é o Mar Negro, que contrasta com o mar do norte acima mencionado, onde habitavam os Hiperbóreos. Sobre este último, os comentadores são unânimes em recusar a hipótese de uma referência ao Oceano Glacial Árctico.

[42] De facto, na versão de Arísteas exclui-se a ideia de que os Citas sejam autóctones do território que tem o seu nome, como também a de que fosse um deserto a região que habitavam antes do seu aparecimento como povo (cf. *supra* 5). Portanto esta versão valoriza as migrações de povos na Ásia Central desde o início do primeiro milénio a. C.

[43] Cízico era vizinha do Proconeso, ambas situadas na região da Propôntide, ou seja, no Mar da Mármara. Este território, que se situava entre o Egeu e o Mar Negro, como também entre a Ásia Menor e a Europa que lhe fica adjacente, sempre foi uma via de comunicação entre os dois continentes. Para os Gregos, esta região era sobretudo a Propôntide, ou seja, 'o vestíbulo para o Ponto'. Cízico foi um dos primeiros povoamentos gregos na Propôntide, de iniciativa de Mileto, talvez já no séc. VIII a. C.

A história que Heródoto conta de Arísteas tem alguns elementos extremamente curiosos: em primeiro lugar, a referência à transmigração, isto é, ao desaparecimento de alguém de um lugar e à sua aparição noutro bem distante; este elemento anda ligado a um processo de separação da alma do corpo, dado que aparentemente o poeta morre num determinado lugar e aparece noutro anos mais tarde. Não é estranho a toda esta aventura um certo sabor a ideias pitagóricas, e a verdade é que Metaponto fica próximo de Crotona, centro por excelência do pensamento pitagórico. Nota a propósito C. Schrader (p. 295) que Arísteas simboliza a penetração de crenças cíticas – dado que as transmigrações e metamorfoses da figura sugerem noções ligadas com o chamanismo siberiano – na Grécia. Sobre as linhas de força do pensamento pitagórico, *vide* W. K. C. Guthrie, *A history of Greek philosophy*, I, Cambridge, 1962, pp. 159, 200-203.

[44] Ártace é o porto que serve Cízico (cf. Heródoto 6. 33. 2).

corre nessas cidades. Mas há uma outra que ganhou raízes entre os Metapontinos[45], na Itália, 240 anos após o segundo desaparecimento de Arísteas, tanto quanto uma comparação entre as tradições do Proconeso e de Metaponto me permitiu descobrir. Os Metapontinos afirmam que o tal Arísteas lhes apareceu lá na terra e lhes ordenou que edificassem um altar a Apolo; ao lado, deveria ficar uma estátua com o nome de Arísteas de Proconeso[46]. Garantiu-lhes que, entre os Italiotas, eles eram os únicos cujo país Apolo tinha visitado e que ele próprio, agora Arísteas, tinha vindo em companhia do deus. No tempo em que seguia Apolo, era um corvo[47]. Dito isto, desapareceu. Então os Metapontinos, ao que eles próprios afirmam, enviaram uma embaixada a Delfos a perguntar ao deus o que significava a aparição daquele homem. A Pítia mandou-lhes seguir o conselho da aparição, porque se lhe obedecessem só teriam a ganhar. Eles acataram a resposta e trataram de a pôr em prática. Por isso hoje existe uma estátua com o nome de Arísteas junto ao monumento de Apolo; a toda a volta há loureiros. O monumento fica na ágora. E sobre Arísteas é tudo.

O que existe acima desta terra cuja história tenho vindo a desenvolver, ninguém o sabe com segurança. Pelo menos não consegui uma informação junto de ninguém que pudesse assegurar que sabia por ter visto com os próprios olhos. Nem mesmo Arísteas, a quem fiz menção um pouco acima, pois nem ele, no poema que compôs, afirma ter avançado para além dos Issédones. Das regiões mais afastadas repetia o que tinha ouvido dizer e, segundo confessa, eram os próprios Issédones os autores da versão que ele adoptou. Quanto a nós, todas as informações precisas que conseguimos por ter ouvido dizer, abarcando um espaço o mais alargado possível, vamos então relatá-las[48].

---

[45] Metaponto situava-se na Magna Grécia, junto ao Golfo de Tarento. Os 240 anos que intercalam os dois acontecimentos devem ser calculados com base num certo número de gerações, a partir do confronto de testemunhos orais ou escritos a que Heródoto terá tido acesso nas duas cidades.

[46] A arqueologia comprovou, com a recuperação de moedas cunhadas com a efígie de Apolo acompanhado ou coroado por folhas de loureiro, a existência de um culto do deus em Metaponto.

[47] Sobre a relação do corvo com o culto de Apolo, cf. Eliano, *Natureza dos animais* 1. 48; Horácio, *Odes* 3. 27. 11. Por seu lado, Plínio, *História natural* 7. 174, entende que, no Proconeso, Arísteas se transformou em corvo e assim desapareceu.

[48] Heródoto vai dar início ao relato sintético dos povos citas e dos seus vizinhos a norte, de uma forma ordenada: repartindo-os por faixas longitudinais, delimitadas por rios, parte da margem do mar e avança progressivamente para territórios mais interiores. Para nós, estas informações mantêm-se um tanto enigmáticas, pela dificuldade que temos, logo à partida, em identificar com segurança os rios.

17.1   Partindo do porto comercial dos Boristénidas[49] (este porto situa-se na zona mais central da costa da Cítia), pois a partir de lá o primeiro povo que se encontra são os Calípidas[50], que são Heleno-Citas. Acima deles fica outro povo, chamado Alazões[51]; estes e os Calípidas seguem, nos outros aspectos, os mesmos costumes dos Citas, a única diferença está em que semeiam e se alimentam de trigo, como também de cebolas,
   2   alhos, favas e milho. Para lá dos Alazões habitam os Citas lavradores, que semeiam o trigo não para consumo próprio, mas para venda[52]. Acima deles estão os Neuros[53]. Mais a norte dos Neuros é um deserto inabitado, quanto nos é dado saber. Todos estes povos se dispõem ao longo do rio
18.1   Hípanis, a ocidente do Borístenes. Depois de se atravessar o Borístenes, a partir do mar, há primeiro a Hileia[54]; a seguir, mais acima, vivem os

---

[49] Este porto dos Boristénidas chamava-se Ólbia, na margem direita da foz do rio Hípanis (o Bug, cf. *infra* 18) e nas costas do Mar Negro. Ficava portanto a ocidente da embocadura próxima do rio Borístenes, o Dniepre. Tinha sido fundado por colonos gregos de Mileto, no séc. VII a. C., e era a mais antiga das fundações gregas para além do Danúbio. Mais tarde, a cidade continuou a ser o centro mais importante da colonização grega dentro daquela área geográfica e, por isso, um lugar adequado para se obter informações. Sobre a importância desta região no âmbito da colonização grega, cf. *The Cambridge Ancient History*, III. 3, pp. 124-126. As intensas relações que os Gregos mantiveram com os Citas nesta região revestiram aspectos diversos: acima de tudo, foi a nível do intercâmbio comercial que esse convívio se exprimiu, promovendo o florescimento de um modelo artístico greco-cita, famoso sobretudo pela produção de artigos em ouro. Por outro lado, a Cítia funcionava para a Grécia como uma espécie de celeiro; são, por fim, bem conhecidos os escravos citas que, em Atenas durante o séc. V, desempenhavam funções policiais (cf. Aristófanes, *Tesmofórias*).

[50] O nome de Calípidas, 'os possuidores de belos cavalos', designa portanto um grupo cita fortemente helenizado. Não é bem claro se se identificam com a população rural situada no vale de Ólbia, nas imediações do estuário do rio, se com grupos de tipo nómada localizados um pouco mais a norte. Escavações recentes parecem apoiar a ideia de que os Calípidas eram uma população sedentária que vivia em espaços abertos, ocupada na agricultura.

[51] Os Alazões habitavam a região mais ocidental dentro da estepe, entre os cursos dos dois rios, o Hípanis e o Borístenes (respectivamente o Bug e o Dniepre), no ponto em que mais se aproximam. Opto, neste caso pela forma do etnónimo da edição de Corcella (em vez de Alizões, na edição oxoniense de C. Hude).

[52] A Ucrânia, muito rica na produção de cereais, tinha um comércio activo com a Grécia, já no séc. VI a. C., para onde fazia a exportação desse produto (cf. Demóstenes, *Contra Léptines* 31 sq.). Em *The Cambridge Ancient History*, III, p. 665, comenta-se a harmonia da convivência entre a Cítia produtora de cereais, em quantidade excedentária e portanto exportável, com as cidades do Egeu, com uma economia mais industrializada, capazes de vender têxteis e produtos de metal ou madeira.

[53] Sobre os Neuros, *vide infra* 105. Correspondem às populações que habitavam a região entre a Ucrânia e a Bielorrússia, na zona alta do Dniepre.

[54] Entramos agora numa segunda faixa, onde se situa, antes de mais, a região de Hileia, etimologicamente 'arborizada' (cf. *infra* 76. 4), na margem esquerda do baixo Dniepre. Pelas suas condições naturais era própria para a agricultura.

Citas agricultores[55], a quem os Gregos que habitam junto ao rio Hípanis chamam Boristénidas, enquanto eles se designam a si próprios por Olbiopolitanos[56]. Estes Citas agricultores ocupam o território que se estende para nascente, numa extensão de três dias de viagem[57], até terminar num rio de nome Pantícapes, para norte, no equivalente a onze dias de navegação seguindo o curso do Borístenes. Para além desse povo, fica uma região em grande parte deserta. Depois do deserto, habitam os Andrófagos[58], um povo à parte, que não tem nada a ver com os Citas. Para cima deles, começa então um deserto a sério, sem sombra de vida humana, ao que julgamos saber. A oriente desses Citas agricultores, para além do rio Pantícapes, é a região dos Citas nómadas, que nem semeiam nem lavram. Todo este espaço, à excepção da Hileia, é desprovido de árvores. Esses nómadas ocupam uma região correspondente a catorze dias de marcha para leste, que se estende até ao rio Gerro[59]. Para lá do Gerro, ficam os territórios chamados 'reais', habitados pelos Citas mais valentes e mais numerosos, que consideram os restantes Citas seus

2

3

19

20.1

---

[55] A designação de γεωργοί que é agora dada a este grupo de Citas parece susceptível de estabelecer uma distinção com aqueles que, no parágrafo anterior, foram designados por ἀροτῆρες. Enquanto a primeira, de 'trabalhadores rurais', parece mais genérica, a de ἀροτῆρες tende a circunscrever-se mais a certo tipo de cultivo, o cerealífero, por exemplo. Em *The Cambridge Ancient History*, III. 2, p. 180, assinala-se que estas populações apresentam claras características orientais e transcaucásicas.

[56] *Vide supra* nota 49. Logo Heródoto dá conta de que os habitantes de Ólbia se designavam a si próprios por Olbiopolitanos, mas o historiador trata-os por Boristénidas, como também à cidade não chama propriamente Ólbia, mas ἄστυ, πόλις ou ἐμπόριον dos Boristénidas. Logo o primeiro nome provinha-lhe do rio, vital para a sobrevivência da região e da própria cidade.

[57] A avaliação dos percursos em dias de viagem corresponde a um critério certamente próprio das rotas comerciais. A extensão equivalente a um dia de viagem anda entre os 35 e 40 km. Por outro lado, um dia de navegação rio acima, contra o sentido da corrente, poderia corresponder a algo que se situa entre 25 e 35 km. Logo a extensão indicada para o território em causa é de cerca de 105 km para nascente, limitada pelo rio Pantícapes, de identificação incerta, mas que talvez corresponda ao Sula, um afluente da margem esquerda do Dniepre. Para norte, os onze dias de navegação seriam cerca de 350 km, ou seja, um percurso que terminaria nos rápidos do Dniepre.

[58] Os Andrófagos, 'devoradores de homens', eram portanto os moradores do curso superior do Dniepre (cf. *infra* 106).

[59] Estes catorze dias de viagem, que equivalem a cerca de 500km, entram em conflito com a informação que Heródoto dá *infra* 101, onde indica, como distância total entre o Borístenes e o lago Meótis, dez dias de viagem; ora neste momento define uma parte deste percurso em catorze dias. Têm os editores procurado ultrapassar a dificuldade com correcções ao texto.
Sobre o rio Gerro, *vide infra* 56.

escravos[60]. Esses estendem-se, para sul, até aos Tauros; do lado nascente vão até ao fosso outrora escavado pelos filhos dos cegos[61] e até ao porto comercial do lago Meótis, conhecido por Cremnos[62]. Uma parte do seu
2 território confina com o rio Tánais[63]. Para cima dos Citas reais, na direcção norte, vivem os Melanclenos[64], um outro povo distinto dos Citas. Acima dos Melanclenos, ao que julgamos saber, o que há são pântanos e deserto inabitado.

21 Para além do rio Tánais já não é Cítia[65] mas o primeiro território pertence aos Saurómatas que, a partir do extremo do lago Meótis, ocupam, para norte, numa extensão de quinze dias de marcha, um espaço totalmente desprovido de árvores, selvagens ou plantadas. Acima deles um segundo território pertence aos Budinos[66], que habitam um terreno
22.1 completamente coberto de floresta com todo o tipo de espécies. Para além dos Budinos no sentido norte, há primeiro, numa extensão de sete dias de marcha, um deserto[67]; a seguir, numa região mais voltada para leste, ficam os Tisságetas, um povo numeroso e diferente, que vive da
2 caça. Perto deles, no mesmo lugar, ficam os chamados Iircas, que também vivem da caça[68]. E praticam-na desta forma: põem-se à espreita em cima

---

[60] Esses Citas 'reais', representantes do grupo conquistador, decerto compreendiam a família real e exerciam alguma autoridade sobre os outros grupos de agricultores e nómadas. Segundo a versão de *Histórias*, o território dos Citas reais prolonga-se da Crimeia, a norte da cordilheira táurica, até à costa do lago Meótis (Mar de Azov). A própria incerteza na identificação do rio Gerro deixa indefinida a separação entre os Citas nómadas e os reais.

[61] Cf. *supra* 3. 2.

[62] Sobre Cremnos, cf. *infra* 110. 2; situa-se no lado norte do Mar de Azov e significa 'barrancos'. Toda esta região foi desde cedo lugar privilegiado de contactos comerciais entre Gregos e Citas.

[63] O Tánais é o Don. Na embocadura deste rio ficava a colónia grega mais remota na região do Ponto, a cidade de Tánais.

[64] Sobre os Melanclenos, *vide infra* 107. Este povo, 'os que vestem túnicas negras', habitava o curso superior do Donetz.

[65] Ultrapassando os limites da Cítia, Heródoto informa sobre os povos vizinhos, que se estendiam em direcção nordeste, no sentido da Ásia Central. E os primeiros são os Saurómatas, irânicos de origem, praticantes de um regime nómada de vida e activos na pastorícia (sobre os Saurómatas, cf. *infra* 110-117). O seu território ia portanto da margem esquerda do rio Don até ao Volga, e do Mar de Azov à zona montanhosa da província de Saratov.

[66] Sobre os Budinos, *vide infra* 108-109, 122-123. Estes eram os habitantes da província de Saratov, entre os rios Don e Volga, numa latitude a norte dos Saurómatas. Também eles eram nómadas, apenas a paisagem que ocupavam contrastava, pela arborização, com a dos seus vizinhos.

[67] Esta é a região dos montes Geguli, na margem direita do Volga.

[68] Estes dois últimos grupos étnicos partilham um território que se estende, a sul dos Urais, entre os mares Cáspio e Aral.

de uma árvore, que é o que não falta por toda a região. Cada caçador tem a postos um cavalo, treinado para se estender de barriga no chão de forma a dissimular-se, e um cão. Quando, lá de cima da árvore, vê a presa, atira-lhe uma flecha e persegue-a montado a cavalo, enquanto o cão a fila. Para lá destes povos, mais a leste, habitam outros Citas, que se destacaram dos Citas reais e assim vieram parar a esta região[69].

Até ao lugar habitado por estes Citas a que agora nos referimos, todos os territórios enumerados constituem uma planície de solo fértil; a partir daí, a paisagem é pedregosa e agreste. Depois de se atravessar um espaço considerável de terreno acidentado, encontram-se, situados no sopé de altas montanhas, povos que se diz que são todos eles calvos de nascença, homens e mulheres indistintamente[70]; têm nariz achatado e queixos proeminentes; falam uma língua própria; usam vestuário cita; vivem dos frutos de certas árvores, sendo a árvore de que vivem designada por *pôntica*; com um porte semelhante ao da figueira, o fruto que produz é parecido com a fava, mas tem caroço[71]. Este fruto, quando está maduro, espremem-no em panos, de forma a que dele escorre um líquido espesso e escuro; a esse suco chamam eles *asci*[72]; chupam-no ou então bebem--no misturado com leite; da parte mais consistente do mosto moldam uns bolos, de que se alimentam. Gado é coisa que entre eles escasseia, porque os pastos que têm são de fraca qualidade. Cada um se instala debaixo de uma árvore, que, durante o inverno, envolve numa cobertura de feltro branco; no verão, tiram a cobertura. É gente a quem ninguém no mundo faz ofensa (por os considerarem sagrados); nem têm, portanto, qualquer arma de guerra. Por isso, são eles os árbitros das divergências entre os povos vizinhos; por outro lado, todo aquele que, exilado da sua terra, se refugiar entre eles, fica ao abrigo de qualquer perseguição. O seu nome é Argipeus[73].

---

[69] Parece, em geral, mais lógico pensar que, em vez de se terem revoltado e regressado ao seu território de origem, estes sejam Citas que não acompanharam a deslocação deste povo para ocidente, na direcção do Mar Negro.

[70] Estes são os Urais meridionais. A descrição que Heródoto faz de seguida das populações desta zona – os Argipeus – corresponde, pela caracterização física, ao tipo mongol.

[71] Esta árvore é uma espécie de cerejeira selvagem, cujo fruto ainda hoje é consumido, pelo mesmo processo, pelas populações locais, os Calmucos.

[72] O som desta palavra é semelhante a vocábulos turcos e tártaros que exprimem a ideia de 'ácido', ou se aplicam para designar a cereja silvestre.

[73] O nome de Argipeus, na sua variante Argimpeus, estabelece uma relação mais nítida com o nome de uma deusa, Argímpasa (cf. *infra* 59. 2), o que justifica a ideia de que sejam uma população sagrada ou protegida pela divindade.

24 Portanto o terreno anterior a essa população calva é bem conhecido, como os povos que o ocupam. É que há uns tantos Citas que os visitam, pelos quais não é difícil obter informações, bem como pelos Gregos do porto comercial de Borístenes e dos outros portos do Ponto[74]. Os Citas que lá vão em negócios servem-se de sete intérpretes e de sete línguas.

25.1 É pois até eles que vai o nosso conhecimento. Para além desse povo de calvos não se sabe dizer nada com alguma certeza. É que uma cordilheira de montanhas elevadas e inacessíveis forma uma barreira que ninguém consegue transpor. Os calvos, por seu lado, asseguram – mas a mim as suas afirmações não me parecem credíveis – que nessas montanhas vivem homens de pés de cabra[75], e que, para cima deles, há outros ainda, que dormem metade do ano[76]. Versão que eu não posso
2 admitir. Sabe-se porém com segurança que, para leste dos calvos, habitam os Issédones[77]. Contudo sobre o que lhes fica a norte, em relação quer aos calvos quer aos Issédones, nada se sabe ao certo, a não ser o que estes mesmos dizem.

26.1 São os seguintes os costumes que, ao que corre, os Issédones praticam. Quando morre o pai a alguém, todos os parentes lhe trazem gado, que imolam para depois lhe esquartejar as carnes. Esquartejam também o cadáver do pai de quem os recebe, misturam as diversas carnes
2 e servem-nas num banquete[78]. A cabeça do defunto é depilada, lavada com cuidado e revestida de um banho de ouro, para ser depois venerada como objecto de culto aquando de uns grandes sacrifícios que realizam todos os anos[79]. É assim que um filho presta homenagem ao pai, da

---

[74] Estes portos comerciais gregos, em volta do Mar Negro e do de Azov, eram múltiplos: Ólbia, Heracleia, Panticapeia, Tánais. O uso frequente que Heródoto faz da designação de ἐμπόριον mostra a enorme vitalidade comercial da região. A quantidade de artigos de fabricação grega aí encontrados deixa prever a sua comercialização por troca com cereais e outros produtos agrícolas.

[75] Esta referência a criaturas humanas com pés de cabra ou alude a seres míticos, ou é uma forma simbólica de referir um povo dedicado à pastorícia. De resto, outros testemunhos antigos falavam de gente de pés de cavalo (cf. Pompónio Mela 3. 56; Plínio, *História natural* 4. 95).

[76] Esta é uma referência objectiva à falta de luminosidade polar durante os meses de inverno. Aliás, o clima próprio destas regiões impediria uma actividade regular às populações.

[77] Sobre os Issédones, cf. *supra* nota 40.

[78] O hábito do canibalismo aparenta-os com outros povos primitivos: cf. o caso dos Masságetas (1. 216. 2-3) e dos Indos (3. 99). Assim se pretende assimilar o espírito dos progenitores mortos.

[79] O mesmo tratamento dos crânios é extensivo a outros povos da região. Cf., sobre o exemplo dos Citas, *infra* 65.

mesma forma que os Gregos celebram os aniversários dos seus mortos. Por outro lado, também os Issédones[80] gozam da fama de justos, tendo entre eles as mulheres direitos iguais aos dos homens.

Logo este povo é também conhecido. Quanto aos que lhe ficam mais além, são os próprios Issédones que afirmam que o que há são homens com um só olho e grifos guardiães do ouro[81]. Por sua vez os Citas repetem o que lhes ouviram dizer a eles e nós, pela nossa parte, o que recolhemos dos Citas. O nome que lhes damos de Arimaspos é cita, pois nesta língua *arima* significa 'um' e *spu* 'olho[82]'.

Toda esta região a que nos vimos reportando tem um clima de tal modo rigoroso que lá, durante oito meses por ano, faz um frio insuportável[83]. Durante esse período, se se verter água no chão, não se produz barro; para fazer barro é preciso acender uma fogueira. O mar gela bem como todo o Bósforo cimério[84], de forma que os Citas instalados deste lado do fosso põem o exército em marcha sobre o gelo e atravessam com os carros para o outro lado, na direcção dos Sindos[85]. Assim, durante oito meses contínuos, lá é inverno e, nos restantes quatro, não chega a fazer calor. O tipo de inverno dessas paragens tem características diferentes do de todas as outras regiões onde há inverno. O que chove na estação própria nem merece o nome de chuva; em compensação, no

27

28.1

2

---

[80] Da mesma forma que os Argipeus (cf. *supra* 23. 5).

[81] A existência mitológica destes povos fantásticos, os Arimaspos de um só olho e os grifos ou dragões que vigiavam o ouro, é um tipo de fantasia que surge naturalmente em relação a povos remotos e de acesso muito difícil. Nesta região do Altai, onde o ouro abundava, a arqueologia comprovou a vulgaridade da crença em criaturas fantásticas e ameaçadoras, encarregadas da vigilância e defesa do ouro local.

[82] Esta etimologia adiantada por Heródoto parece duvidosa. Eustátio, *A Dioniso* 31, dá a leitura de *ari* equivalente a 'um' e *maspos* 'olho'. Mas outras sugestões são também propostas com base em raízes irânicas; assim *aspa* 'cavalo' e *arima* 'selvagem' faria dos Arimaspos o 'povo dos cavalos selvagens'.

[83] Heródoto passa a ocupar-se do clima cita, cujo rigor os Gregos tinham por tradição exagerar, de modo a torná-lo uma referência convencional; *vide* Hipócrates, *Ares* 19; Estrabão 7. 3. 18; Ovídio, *Tristes* 3. 10.

[84] Sobre o Bósforo Cimério, cf. *supra* nota 36. Ainda hoje, durante o inverno, o congelamento dos rios nesta zona é comum; cf. ainda outros testemunhos antigos: Estrabão 2. 1. 16, 7. 3. 18; Pompónio Mela 1. 115; Plínio, *História natural* 4. 87.

[85] Sobre este fosso, *vide supra* 3. 2 e respectiva nota. Logo os Citas reais, que habitavam a ocidente do fosso, tinham nas águas congeladas uma via de acesso para territórios vizinhos. Estes movimentos, embora à partida motivados pela necessidade, pacífica, de transumância, acabavam por se configurar como verdadeiras invasões em função do grande número de pessoas deslocadas.

Os Sindos habitavam a península de Taman, na costa sudeste do Mar de Azov, e estendiam-se até aos confins ocidentais do Cáucaso.

3 verão não pára de chover[86]. As trovoadas não ocorrem na época em que são habituais noutro lado qualquer, mas no verão são frequentes. Se no inverno troveja, é uma admiração que nem que se tratasse de um prodígio. Como também se houver um sismo, quer seja verão ou inverno, na Cítia
4 consideram-no um fenómeno. Os cavalos resistem bem a este tipo de inverno, enquanto nem os mulos nem os burros lhe conseguem resistir. Nos outros lados são os cavalos que, por efeito do frio, contraem gangrenas, enquanto os burros e os mulos sobrevivem.

29 Julgo que é também pela mesma razão que à raça bovina que lá há, sem cornos, os cornos não nascem[87]. Vem em abono da minha opinião Homero, na *Odisseia*, que reza assim: 'Na Líbia, onde os carneiros são, desde que nascem, dotados de chifres'. Afirmação correcta de que, nos países quentes, os chifres nascem desde cedo. Pelo contrário, nas regiões onde o inverno é duro, ou as espécies são de todo desprovidas de chifres, ou, se os têm, mal despontam.

30.1 Portanto nessas regiões estas particularidades devem-se ao frio. Muito me admiro (de facto, desde o início que o meu relato abunda em digressões) sobre qual será a razão por que em toda a Élide[88] não é possível produzir mulos, quando a região nem é gelada nem parece haver outra causa visível. Dizem os próprios Elidenses que se deve a uma maldição
2 que entre eles não haja mulos[89]. Então, quando se aproxima a estação do cio para as éguas, eles levam-nas para as regiões vizinhas e lá, em terra alheia, fazem-nas cobrir pelos burros até que fiquem prenhes; nessa altura, trazem-nas de volta.

---

[86] Quanto à chuva, mais abundante de verão do que de inverno nesta região, a informação que Heródoto dá está correcta. A mesma estranheza se lhe coloca em relação às trovoadas, que, na Grécia, acontecem mais na primavera e no outono. Por fim, os sismos, comuns na Hélade, são mais raros no sul da Rússia.

[87] Há, de facto, na região em causa um tipo de bovinos que não tem chifres ou os tem muito curtos. Simplesmente a relação que Heródoto estabelece entre esta característica e o clima frio não tem fundamento, se pensarmos no caso dos veados ou das renas; além de que a arqueologia veio comprovar a existência de ossos de carneiro em túmulos. Cf. ainda Tácito, *Germânia* 5. Em abonação do seu ponto de vista, Heródoto cita Homero, *Odisseia* 4. 85, como uma fonte fidedigna para todo o tipo de saber.

[88] Seguindo um processo de observações à margem que é, até agora, o do *logos* da Cítia, Heródoto pondera, por analogia, o caso da Élide, uma região a noroeste do Peloponeso, onde se encontra Olímpia, conhecida pela criação de cavalos.

[89] Outros testemunhos antigos fazem referência à mesma lenda: Plutarco, *Moralia* 303b; Pausânias 5. 5. 1. A maldição teria sido proferida por Enómao, rei de Pisa na Élide, que, por ser um amante de cavalos puro sangue, detestava os mulos como uma ameaça contra essa mesma pureza da raça.

Quanto às plumas[90] que, na versão dos Citas, enchem o ar e que tornam impossível ver ou circular na zona mais remota do continente, eis a leitura que faço dessa ocorrência. Acima destas regiões que nos ocupam neva constantemente, ainda que menos no verão do que no inverno, como é natural. Quem já viu de perto cair uma neve cerrada sabe o que eu quero dizer; os flocos de neve realmente parecem plumas. E é por o inverno lá ter as características que vimos, que os territórios mais a norte do continente são desabitados. Quando os Citas e os povos circunvizinhos comparam a neve a plumas, estão a usar, ao que me parece, linguagem metafórica.

Referi-me ao que se diz das regiões mais recuadas. Mas sobre os Hiperbóreos[91], nem os Citas nem nenhum dos outros povos que habitam na zona dão a mais pequena informação, a não ser os Issédones. Mas, julgo eu, nem mesmo estes têm nada para dizer, senão também os Citas o diriam, do mesmo modo que falam de homens com um só olho. É Hesíodo quem fala dos Hiperbóreos, como também Homero nos *Epígonos*, se é realmente Homero o autor dessa epopeia. Mas, de longe, quem a eles mais se refere são os Délios. Segundo estes, ofertas sacras embrulhadas em palha de trigo, provenientes dos Hiperbóreos, eram trazidas para a Cítia. A partir da Cítia, cada povo as recebia dos seus vizinhos e as fazia circular rumo a ocidente, tão longe quanto a costa

31.1

2

32

33.1

---

[90] Sobre a sobreposição de flocos de neve a plumas, *vide supra* 7. 3.

[91] Tem-se visto nesta insistência de Heródoto em recusar a existência de qualquer informação concreta sobre os Hiperbóreos o desejo de contradizer alguma versão escrita que a defendesse. Como Diodoro Sículo (2. 47) afirma que um escritor de nome Hecateu se lhes referiu, tem-se pensado que talvez o nosso autor esteja a procurar desmentir afirmações de Hecateu de Mileto. Em contraposição, na poesia, as referências aos Hiperbóreos são abundantes; alude a eles o *Hino Homérico a Dioniso* (7. 28-29) como um povo distante; Píndaro (*Pítica* 10. 29-46) e Baquílides (fr. 3. 39) mencionam a relação entre esse povo e Apolo. De facto, segundo a tradição, o deus de Delfos costumava passar os três meses de inverno com estes seus fiéis adoradores. A concepção que os Gregos faziam desses povos instalados 'para além do vento norte' era a de um grupo 'primitivo', isento de doenças e protegido da velhice, no gozo de uma felicidade que só existe fora dos limites da civilização. Criou-se igualmente a ideia de que os preferidos pelos deuses, depois da morte, passassem a habitar os Hiperbóreos. Quanto aos textos em que Hesíodo e Homero se lhes refeririam, são testemunhos perdidos para nós. Os *Epígonos*, 'Sucessores', cuja autoria já Heródoto considera incerta, é um tema que se enquadra no mito tebano; Epígonos são os descendentes dos Sete que atacaram Tebas e que, mais tarde, sob as ordens de Adrasto, o único sobrevivente dos Sete, lograram conquistar e arrasar Tebas; Pausânias (9. 9) refere-os como o melhor dos poemas do ciclo épico depois da *Ilíada* e da *Odisseia*. Sobre o conhecimento que Arísteas do Proconeso teria dos Hiperbóreos, *vide supra* 13. 1.

2   adriática[92]. De lá, eram levadas para sul, sendo os de Dodona os primeiros, entre os Gregos, a recebê-las; a partir de Dodona, desciam até ao golfo de Málea, atravessavam para a Eubeia e, de cidade em cidade, eram levadas até Caristo. Andros ficava fora deste circuito, pois eram os Carístios quem as levava a Tenos e os Ténios a Delos[93]. Era desta forma,
3   ao que se diz, que as tais oferendas sagradas chegavam a Delos. Mas, da primeira vez, os Hiperbóreos encarregaram de as levar duas jovens que, segundo os Délios, se chamavam Hipéroque e Laódice[94]. Juntamente com elas, por uma questão de segurança, os Hiperbóreos mandaram uma escolta de cinco homens das suas cidades, os mesmos que hoje em dia são chamados Pérferes, e que gozam em Delos de uma grande distinção.
4   Mas uma vez que esses emissários não regressaram, os Hiperbóreos, que não aceitavam a ideia de que os seus representantes, dali em diante, nunca voltassem, passaram a trazer à fronteira as suas oferendas embrulhadas em palha de trigo, recomendando aos vizinhos que, por
5   sua vez, as levassem até à fronteira seguinte com outro povo. E foi por este processo de envio, ao que se conta, que elas passaram a chegar a Delos. Pelo que me toca, eu conheço este outro costume que se pode relacionar com as tais oferendas: quando as mulheres da Trácia e da Peónia[95] sacrificam a Ártemis soberana, a palha de trigo entra sempre
34.1 nas oferendas que elas fazem. É assim que executam o ritual, segundo julgo saber.

É em honra dessas tais donzelas, que vieram dos Hiperbóreos e morreram em Delos, que as raparigas e os rapazes de Delos cortam os cabelos[96]. Elas, antes do casamento, cortam um anel de cabelo, enrolam-

---

[92] Certamente que estas informações colhidas na ilha de Delos têm tudo a ver com o próprio serviço do templo e com os sacerdotes responsáveis pela sua execução. A protecção de palha era uma forma de acautelar materialmente as oferendas, mas também de lhes preservar o carácter sacro. Segundo alguns autores (Calímaco, *Hino a Delos* 283; Plutarco, *Moralia* 1136; Pausânias 1. 31. 2), estas oferendas eram simplesmente grãos.

[93] Enquanto o percurso até à Grécia é traçado de uma forma muito vaga, o itinerário em território grego é descrito com pormenor. De Dodona, no Epiro, até ao golfo de Málea, no mar Egeu, era preciso atravessar a cordilheira do Pindo, na Tessália. Seguia-se a Eubeia, onde ficava, no sul, a pequena cidade de Caristo. O circuito concluía-se nas Cíclades, a que pertencem as ilhas de Andros, Tenos e Delos. Não se explicita por que razão a primeira destas ilhas ficava excluída do percurso feito pelas oferendas.

[94] Os dois nomes são para alguns sugestivos de dois epítetos de Ártemis, a deusa irmã de Apolo e como ele nascida em Delos. Quanto aos Pérferes, cujo nome certamente significa 'os portadores de oferendas', seriam membros do serviço do templo de Delos, onde, a partir do séc. VII a. C., se impõe um forte culto de Apolo.

[95] A Peónia situa-se no norte da Macedónia, a ocidente da cordilheira de Ródope.

[96] São vários os testemunhos que abonam, como corrente, esta prática: Heródoto 2. 65. 4; Pausânias 2. 31. 1.

-no em volta de um fuso e depõem-no sobre o túmulo (este túmulo está à esquerda de quem entra no Artemísio[97], no sítio onde brotou uma oliveira); os rapazes de Delos, todos eles, enrolam uma madeixa de cabelo em volta de um pé de planta verde e colocam-na também no túmulo.

Em suma, estas são as honras que as tais donzelas recebem dos habitantes de Delos. Mas esses mesmos habitantes falam também de Arge e de Ópis[98], outras duas donzelas vindas dos Hiperbóreos, que teriam chegado a Delos ainda antes de Hipéroque e de Laódice, depois de atravessarem os mesmos povos que elas. Estas últimas teriam vindo trazer a Ilitia o tributo estabelecido em troca de um bom parto; Arge e Ópis teriam chegado em companhia das próprias deusas[99]. Dizem os Délios que a estas duas donzelas se atribuíram ainda outros cultos: as mulheres de Delos fazem colectas em sua honra, invocando-as pelo nome num hino que lhes dedicou Ólen, um homem da Lícia[100]; por outro lado, foi com os Délios que os habitantes das ilhas e os Iónios aprenderam a celebrar Ópis e Arge, invocando-as por esses nomes e fazendo colectas (este Ólen, vindo da Lícia, é também o autor dos outros hinos antigos que se cantam em Delos); por fim, quando se queimam coxas sobre os altares, a cinza produzida é espalhada sobre o sepulcro de Ópis e Arge. O túmulo delas fica atrás do Artemísio, virado para nascente[101], mesmo ao lado da sala de banquetes do povo de Céos.

---

[97] O Artemísio, templo dedicado a Ártemis, decerto já tão antigo quanto o séc. VII a. C., situava-se a ocidente do templo de Apolo; aí ficava então o túmulo de Hipéroque e Laódice, centro de um culto de adolescência.

[98] Pausânias (1. 43. 4) também se lhes refere sob outros nomes, como ainda Calímaco (*Hino a Delos* 292) que lhes acrescenta uma terceira donzela. Da versão dos nomes em Heródoto tiram-se os sentidos de 'brilhante' (ἀργή) e 'atenta' (ὦπιν), que deverão ser epítetos da própria deusa.

[99] Ilitia, a deusa do bom parto, teria auxiliado Latona aquando do nascimento de Apolo e Ártemis. Cf. Pausânias 1. 18. 5. Quanto às duas deusas vindas em companhia de Arge e Ópis, há dúvidas sobre a sua identificação. Legrand (p. 68) sugere que sejam Latona, que se teria refugiado nos Hiperbóreos para fugir aos ciúmes de Hera, e Ilitia que se propunha ajudá-la no parto dos seus divinos filhos.

[100] Pausânias (9. 27. 2) refere-se a Ólen como o mais antigo compositor de hinos, originário dos Hiperbóreos (10. 5. 7-8). A relação com a Lícia justifica-se pelo próprio elo que o liga a Apolo. Se de facto é mais do que um simples mito, Ólen teria vivido no remoto séc. VIII a. C. Lesky (*História de la Literatura Griega*, trad. esp., Madrid, 1968, pp. 107--108) fala do nome de Ólen, juntamente com o de Panfo, Museu e Orfeu, como autores da mais remota poesia grega, sob forma de cantos líricos dedicados aos deuses.

[101] Plutarco (*Sólon* 10) comenta as posições em que um sepulcro se devia orientar. Esta disposição no sentido nascente corresponde a uma fase pré-iónica, já que os Iónios davam aos túmulos uma orientação para poente. Sobre a sala de banquetes do povo de Céos, a localização é insegura.

36.1   E é isto o que se me oferece dizer sobre os Hiperbóreos. Porque a história que se conta de Ábaris, considerado hiperbóreo, não a vou relatar[102]. É uma história em que se narra que ele passeou pela terra inteira a sua flecha, sem tocar num alimento. Se há homens que são hiperbóreos,
2   há-de haver também outros *hipernótios*[103]. Dá-me vontade de rir quando vejo que muitos foram já os que desenharam o mapa da terra, sem que ninguém dela tenha feito nunca uma descrição aceitável[104]. Uns desenham o Oceano a correr em volta da terra, que seria redonda como se feita a compasso, e concebem a Ásia como igual à Europa. Em poucas palavras, então, vou eu mostrar o tamanho que tem cada uma dessas partes e dar uma ideia da respectiva configuração.

37   Na Ásia central habitam os Persas, que se estendem até ao mar do sul chamado de Eritreia. Acima deles, na direcção norte, ficam os Medos; acima destes os Saspires, depois dos Saspires, os Colcos, que se prolongam até ao mar do norte, onde desagua o rio Fásis. São esses os
38.1   quatro povos que habitam entre um mar e outro[105]. Dessa zona, na direcção do ocidente, projectam-se até ao mar duas penínsulas, que passo a
2   descrever[106]. A partir da Ásia central, uma dessas penínsulas que, do

---

[102] Píndaro (fr. 283 Bowra) refere Ábaris como um contemporâneo de Creso, portanto situa-o no séc. VI a. C. Na história tradicional que Heródoto decide não contar, Ábaris aparece como um herói que percorre o mundo inteiro, trazendo consigo a flecha de ouro de Apolo, que o deus depositara nos Hiperbóreos. Durante esses errores, nunca provou alimento. Logo esta personagem associa-se ao deus, de quem recebeu, segundo alguns, a arte de curar doenças.

[103] Ou seja, habitantes do extremo sul. Criando a noção de que se há povos do extremo norte os haverá também do extremo sul, Heródoto pretende recusar a existência de uns e de outros, porque obviamente *hipernótios* não os havia na tradição grega. Ridiculariza assim teorias que defendiam a simetria do mundo.

[104] Sem dúvida que Heródoto tem presentes diversos autores de mapas, como por exemplo Anaximandro. Segundo esta concepção (cf. Heródoto 2. 21), a terra seria redonda e cercada pelo oceano, de resto uma ideia partilhada por Hecateu de Mileto (*FGrHist* 1. 13. fr. 187).

[105] Começa Heródoto a descrever a Ásia a partir dos Persas, a sua maior potência. A sul, o mar de Eritreia corresponde ao Oceano Índico, aí considerado o Golfo Pérsico. No outro extremo da faixa descrita povo a povo, situa-se 'o mar do norte', que é o Mar Negro, em cuja margem sudeste desagua o Fásis (hoje Rioni), o rio da Cólquida, considerado o limite entre Ásia e Europa. Sobre os povos aqui referidos, cf. 1. 104. 1, 3. 94. 1.

[106] O continente que se estende para oeste deste território primeiro descrito vem definido dentro de duas penínsulas: a Ásia Menor primeiro, depois uma outra que se estende até à Líbia e portanto reúne Ásia e África. Este segundo território dificilmente se concilia com a noção de 'península' e resulta decerto de uma concepção errada das características do espaço em causa.

lado norte, começa no Fásis, prolonga-se pelo mar dentro[107], ao longo do Ponto e do Helesponto, até Sigeu, na Tróade. Esta mesma península, do lado sul, estende-se pelo mar desde o golfo de Miriandro, que fica junto à Fenícia, até ao promontório do Triópio. Nessa península habitam trinta povos diferentes. Esta é, portanto, uma das duas penínsulas. A outra[108], que começa na Pérsia, prolonga-se até ao mar de Eritreia. Ou seja, compreende a Pérsia, depois dela a Assíria e, a seguir à Assíria, a Arábia. Vai terminar – não é que termine propriamente, mas é essa a ideia convencional – no golfo Arábico, onde Dario fez desembocar um canal proveniente do Nilo. A partir da Pérsia, até à Fenícia, há assim uma vasta faixa de terra; da Fenícia em diante, essa península prolonga-se através do tal mar ao longo da Síria Palestina e do Egipto, onde termina. Nela vivem apenas três povos. Estas são, a partir da Pérsia, as regiões da Ásia do lado ocidental. Quanto às regiões situadas para lá dos Persas, Medos, Saspires e Colcos, na direcção do leste e do sol nascente[109], confinam por um lado com o mar de Eritreia, para norte com o mar Cáspio e o rio Araxes, que corre no sentido de nascente. Até à Índia, o território asiático é habitado; daí em diante, continuando para oriente, é um deserto, que ninguém sabe dizer como é.

    É esta a forma e o tamanho da Ásia. A Líbia faz parte da segunda península, uma vez que se segue ao Egipto sem interrupção. Por alturas

39.1

2

40.1

2

41

---

[107] Na descrição da Anatólia ou Ásia Menor valoriza-se, como limite extremo a ocidente, 'o mar', o Egeu, naturalmente; a faixa a norte que inclui o Bósforo, a Propôntide e o Helesponto, prolonga-se até ao cabo Sigeu, perto de Tróia e na embocadura do Helesponto; a sul, parte-se do golfo de Miriandro, ou baía de Isso, até Cnido, na Cária, onde se situa o promontório do Triópio. O total de trinta povos que se indica como correspondente aos habitantes desta península apresenta uma leve discrepância entre duas listas discriminadas por Heródoto noutros passos (3. 90-94, 7. 70 sqq.). Embora se citem sempre trinta povos, a verdade é que ligeiras variações nas duas listas levam a contabilizar trinta e três.

[108] É estranho que a Pérsia, que foi incluída no bloco territorial do centro asiático, reapareça agora integrada nesta segunda península. Dentro da imagem que Heródoto tinha desse espaço, é-nos descrita uma tira de terra que incluiria a Assíria, a Arábia, a Fenícia, seu limite convencional, porque a verdade é que se prolongava ainda, através da Síria Palestina, até ao Egipto e à Líbia. O que Heródoto chama golfo Arábico corresponde ao Mar Vermelho, enquanto o mar que acompanha toda esta costa é o Mediterrâneo. Os três povos que a habitam são os Assírios, Árabes e Fenícios.

[109] Sobre o Araxes, cf. Heródoto 1. 202. 1 e nota respectiva, e sobre o Mar Cáspio, 1. 203. 1. Contrariamente ao que afirma sobre o curso do Araxes em 1. 202. 3, aqui o historiador atribui ao rio uma direcção fantasista, admitindo que corre para leste. Sobre o deserto que se segue à Índia, cf. Heródoto 3. 98. 2.

do Egipto, esta península é estreita, já que, do nosso mar até ao de Eritreia, são cem mil orgias, o que equivale a mil estádios. Mas, depois dessa faixa estreita, a península é muito larga e chama-se Líbia[110].

42.1 Surpreende-me a separação e repartição que se faz do mundo em Líbia, Ásia e Europa, pois não são pequenas as diferenças entre elas. No sentido da longitude, a Europa corresponde em dimensão às outras duas juntas; no da latitude, julgo que não há possibilidade de comparação[111].

2 É evidente que a Líbia está cercada de mar a toda a volta, menos do lado que confina com a Ásia. Foi Neco, rei do Egipto, o primeiro – quanto sabemos – que o demonstrou. Quando terminou a escavação do canal que vai do Nilo até ao golfo Arábico, enviou Fenícios em barcos, com a recomendação de, no regresso, navegarem através das Colunas de

3 Hércules até chegarem ao mar do lado norte e, daí, até ao Egipto. Então esses Fenícios partiram do mar de Eritreia e cruzaram o mar do sul[112]. Quando chegava o outono, encostavam e semeavam a terra, nas zonas

4 da Líbia onde de vez em quando voltavam a navegar, de tal modo que, passados assim dois anos, ao terceiro dobraram as Colunas de Hércules e chegaram ao Egipto[113]. Diziam eles – coisa em que eu não acredito; acredite quem quiser – que, ao fazerem a circum-navegação da Líbia,

43.1 tiveram sempre o sol à sua direita. Foi assim que, pela primeira vez, se

---

[110] Logo Líbia é África, de que só se conhecia algo do norte. Nesta descrição, é difícil estabelecer se o Egipto era considerado Ásia ou África. O espaço que se estende do Mediterrâneo até ao Mar Vermelho avalia-o Heródoto em cerca de 177,5km (já que uma orgia equivale sensivelmente a 1,775m e, portanto, um estádio a 100 orgias), o que é excessivo para uma realidade que ronda os 115km.

[111] Por um lado, Heródoto considera Europa todo o norte da Ásia. Quanto à latitude, era-lhe difícil ajuizar, porque os confins norte da Europa eram desconhecidos (cf. *infra* 45.1), enquanto se pensava que a Líbia era toda cercada de água (cf. *infra* 42.2) e que a Ásia se espartilhava entre a Europa a norte e o Índico a sul.

[112] Ou seja, portanto: os navegantes saíram do Mar de Eritreia – o Mar Vermelho –, navegaram pelo sul – o Oceano Índico –, tornearam a África, até tomarem a direcção norte e atravessarem o Mediterrâneo, de volta ao Egipto.

[113] As opiniões dividem-se no que respeita a esta informação de Heródoto sobre uma viagem de circum-navegação da África durante o reinado de Neco (609-594 a. C.), o segundo faraó da dinastia saíta. Algum cepticismo se projecta dos autores da antiguidade: cf. Aristóteles, *Meteorologica* 354a; Estrabão 2.3.4. Mas a viabilidade do trajecto, face ao plano e às condições náuticas descritas por Heródoto, como à competência dos marinheiros fenícios que executaram o roteiro, tem hoje reabilitado esta informação como verosímil. A própria desconfiança do autor de *Histórias* sobre a versão dada pelos marinheiros fenícios de que fizeram esta circum-navegação sempre com o sol à sua direita, é uma prova da autenticidade do relato; de facto, ao passarem da costa de Moçambique, torneando o Cabo da Boa Esperança, para o lado ocidental da África, ficaram sempre, ao longo do dia, com o sol à sua direita.

ficou a conhecer a Líbia. Depois são também os Cartagineses que o confirmam, dado que Sataspes, filho de Teáspis, um Aqueménida, não conseguiu cumprir o périplo da Líbia; foi enviado com esse fim, mas receoso da extensão da viagem e da solidão voltou para trás, sem ter levado a cabo a empresa que a mãe lhe tinha imposto. É que ele tinha violado uma jovem, filha de Zópiro, filho de Megabizo[114]. Em consequência, ia, graças ao crime cometido, ser empalado pelo rei Xerxes, quando a mãe de Sataspes – que era irmã de Dario – pediu clemência, dizendo que ela mesma lhe iria impor uma pena mais pesada do que o próprio rei: que ele seria forçado a navegar à volta da Líbia até que, nesse percurso, chegasse ao golfo Arábico[115]. Xerxes aceitou com estas condições; Sataspes partiu então para o Egipto, lá arranjou um navio e marinheiros locais e pôs-se a caminho das Colunas de Hércules. Depois de as ter atravessado e dobrado o cabo da Líbia conhecido por Solunte[116], navegou em direcção ao sul; durante muitos meses foi cruzando uma grande extensão de mar; depois, como lhe faltava sempre mais, deu a volta para trás e fez o caminho de regresso ao Egipto. Chegado aí, voltou à corte de Xerxes e contou-lhe que, no ponto extremo da sua viagem, tinha navegado ao longo de uma terra de homens pequenos, que se vestiam de folhas de palmeira[117]. Sempre que ele e os companheiros aportavam à costa, aquela gente fugia para as montanhas, abandonando as cidades. Os viajantes, por seu lado, quando penetravam nas cidades, não lhes causavam qualquer dano, porque se limitavam a arranjar o que comer. Segundo ele, o motivo que o tinha impedido de completar o périplo da Líbia era o seguinte: o barco não conseguia avançar mais e parou[118]. Xerxes não aceitou que ele estivesse a dizer a verdade, e como, de qualquer forma, não tinha cumprido a tarefa estabelecida, mandou-o empalar, aplicando-lhe o castigo inicialmente previsto. Um eunuco desse tal Sataspes, quando tomou conhecimento da morte do senhor, escapou-

---

[114] Cf. Heródoto 3. 153-160.

[115] O percurso proposto, de circum-navegação da Líbia até chegar ao golfo Arábico ou Mar Vermelho, é feito em sentido oposto ao que outrora tinham realizado os Fenícios.

[116] Discute-se com que cabo identificar Solunte; ou com o Espartel, na região de Tânger, ou com o Cantín, no sul de Marrocos.

[117] Está a referir-se a populações de Pigmeus, decerto instaladas nas costas do golfo da Guiné (cf. 2. 32. 6). Já Homero, *Ilíada* 3. 3-7, conhecia os Pigmeus. Logo, da Líbia, Sataspes deve ter seguido a costa de Marrocos, Mauritânia e Senegal; os montes onde os Pigmeus se refugiavam estariam entre a Guiné e a Costa do Marfim.

[118] Qual o verdadeiro sentido desta justificação? Ou não passa de uma desculpa, ou realmente Sataspes viu-se bloqueado por condições desfavoráveis de navegação, falta de ventos ou ventos e correntes contrários.

44.1 -se para Samos, de posse de grandes riquezas, que um sujeito da ilha lhe abarbatou. Eu sei o nome desse sujeito, mas prefiro esquecê-lo.
A Ásia, na sua maior parte, foi descoberta por Dario. Pretendia ele saber, a respeito do Indo, de todos os rios do mundo um dos dois onde se criam crocodilos, em que local desagua no mar[119]. Enviou, então, em barcos, homens da sua confiança que lhe dessem uma informação
2 correcta, entre outros Cílax de Carianda[120]. Estes partiram da cidade de Caspatiro e da região de Pactiica[121], navegaram rio abaixo na direcção leste, lá para onde nasce o sol, até ao mar; viajando depois por mar para ocidente, ao fim de trinta meses, chegaram àquele lugar de onde o rei do Egipto, como atrás referi, tinha feito partir os Fenícios para a circum-
3 -navegação da Líbia[122]. Depois de terem realizado essa viagem, Dario submeteu os Indos[123] e passou a servir-se daquela rota marítima. Assim, também no que respeita à Ásia, exceptuado o lado oriental, é sabido que, na parte restante, se assemelha em configuração à Líbia[124].

---

[119] O outro rio onde se criam crocodilos é o Nilo. Cf. Arriano, *Anábase* 6. 1. 2.

[120] Também Cílax provinha da região da Cária, na costa da Ásia Menor, não muito longe de Halicarnasso, cidade natal do próprio Heródoto. Da viagem que fez às ordens de Dario (521-486 a. C.) deixou um relato (cf. *FGrHist* 709 F 1-7), datado de finais do séc. VI a. C. Dado também como autor de uma *Periodos Ges*, poderia ter servido de modelo a Hecateu de Mileto. O que nos resta do seu texto é já tardio, do séc. IV a. C. Sobre esta exploração do oriente às ordens de Dario, cf. *The Cambridge Ancient History*, IV, pp. 201--204.

[121] Cf. 3. 102. 1. Cidade e região da Índia, que se situam no Alto Indo, a norte do actual Paquistão. A informação que dá Heródoto de que Cílax teria seguido esta via fluvial é errada, porque o Indo corre na direcção contrária, leste/oeste. Uma hipótese de correcção possível seria que Cílax tivesse utilizado um afluente do Indo (o Kabul) até atingir o rio principal.

[122] Ou seja, portanto: Cílax partiu em direcção ao Indo, fez depois um desvio em ângulo recto para ocidente, viajando agora por mar, e veio ter ao golfo de Suez. Tal périplo dá à sua viagem um objectivo mais alargado do que simplesmente conhecer o Indo, já que o seu percurso estabelece ligação entre o Mar Vermelho, a Arábia e a Índia. Talvez Dario tivesse também a intenção de explorar esta ampla rota de navegação no sentido oriente.

[123] A submissão dos Indos ao poder de Dario restringiu-se à zona baixa do Indo, na área que hoje corresponde ao Paquistão, e foi apenas parcial. Em 3. 94, Heródoto fala do grande tributo pago à Pérsia por uma população numerosa de Indos, 360 talentos de ouro em pó, que correspondia aos proventos da vigésima satrapia.

[124] A semelhança com a Líbia define-a Heródoto pelo facto de, na sua concepção, também a Ásia se encontrar rodeada de água por todos os lados: a norte o Mar Cáspio e o rio Araxes, e a sul o mar. C. Schrader (p. 326) acrescenta ainda, com toda a lógica, que, se para Heródoto os rios do Médio Oriente corriam na direcção nascente, deveria o historiador pressupor a existência de um mar a limitar a Ásia a oriente – região ainda desconhecida – onde esses rios iam desaguar.

Quanto à Europa, ninguém sabe ao certo se, do lado leste ou norte, **45**.1
é rodeada por mar. Em longitude, sabe-se que corresponde às outras
duas partes do mundo juntas[125].

Não consigo perceber como é que, sendo a terra uma só, recebeu 2
três denominações diferentes, tiradas de nomes de mulheres; nem tão
pouco como é que, por fronteiras, foram fixados o Nilo, um rio do Egipto,
e o Fásis, da Cólquida (outros preferem falar do rio Tánais, no Meótis, e
dos estreitos cimérios)[126]; não se conhece o nome de quem estabeleceu
estas fronteiras, nem onde lhes foi buscar as designações. A Líbia, de 3
facto – é voz corrente entre os Gregos – tirou o nome de Líbia, uma
mulher natural dessa região[127]; a Ásia seria epónima da mulher de
Prometeu[128]; por outro lado, os Lídios reclamam-lhe o nome como seu,
afirmando que a Ásia foi assim chamada de Ásies, filho de Cótis e neto
de Manes[129], e não de uma Ásia mulher de Prometeu. Foi do mesmo
Ásies que recebeu o nome a tribo Asíada, em Sardes. Quanto à Europa, 4
ninguém sabe se é rodeada de mar por todos os lados, de onde lhe veio o
nome, nem quem possivelmente lho terá posto, a menos que se diga que

---

[125] A dificuldade em conhecer o norte da Europa deve-se à inacessibilidade provocada por uma cadeia de montanhas (cf. *supra* 25). Por outro lado, havia também dúvidas em Heródoto relativamente ao extremo ocidental da Europa (cf. 3. 115. 2). Em longitude, o velho continente correspondia à Líbia e Ásia juntas, porque se avaliava desde o estreito de Gibraltar até para lá do Indo, a norte. Cf. *supra* 42 e nota 111.

[126] Em 2. 16, Heródoto atribui a tripartição da terra aos Iónios. Corcella (pp. 168--169) recorda, para Εὐρώπη, a possibilidade de uma origem semítica, que corresponderia à noção de 'terra do ocidente', ou então uma relação com o grego εὐρύς, 'terra larga'. Por sua vez 'Ασία poderia ter origem hitita e significar 'terra boa'. Finalmente Λιβύη viria do egípcio, onde designava um povo a ocidente do Delta do Nilo (Λίβυες). À questão meramente semântica vem juntar-se a tradição mitológica, que relaciona as três partes do mundo com três mulheres. As histórias de Ásia e de Europa eram já conhecidas de Homero e Hesíodo: cf. *Ilíada* 2. 461, 14. 321-322; *Teogonia* 359, fr. 141 Merkelbach-West. O mito de Líbia é mais tardio, só atestado a partir de Píndaro, *Pítica* 9. 55 e Ésquilo, *Suplicantes* 316.

Quanto às fronteiras estabelecidas, o Nilo convencionalmente separava a Ásia da Líbia; o Fásis, a Europa da Ásia. O Tánais, ou Don, que desaguava no lago Meótis, era outra fronteira considerada entre Ásia e Europa; esta é a versão patente em Ésquilo, fr. 191 Radt, ou também em Estrabão 7. 4, 5.

[127] Líbia aparece no mito como filha de Io e mãe de Agenor e Belo, heróis fenícios. Outra tradição fazia dela filha de Oceano e irmã de Ásia e Europa.

[128] Segundo a tradição, Ásia era filha de Oceano e de Tétis (cf. Hesíodo, *Teogonia* 359) e mãe de Prometeu, Epimeteu e Atlas. Mas esta não é a versão dada por Heródoto.

[129] Manes, o primeiro rei mítico da Lídia, filho de Zeus e da Terra, é também referido por Heródoto em 1. 94. 2. Sobre este rei lendário, *vide* Talamo, *La Lidia arcaica*, Bologna, 1979, pp. 16 sqq.

    a designação lhe veio do nome de Europa de Tiro[130]. Assim ao princípio
5 não teria nome, como as restantes partes da terra. Mas parece certo que
a tal Europa era oriunda da Ásia e que nunca chegou a esta região que os
Gregos chamam Europa; veio apenas da Fenícia para Creta, e de Creta
para a Lícia. Sobre este assunto, ficamos por aqui, porque nos vamos
servir da nomenclatura tradicional.

46.1 O Ponto Euxino, que Dario se preparava para atacar, é de todas as
regiões, excepção feita à Cítia, aquela cujas populações são mais
atrasadas. De facto, nenhum povo do interior do Ponto merece destaque
pela sabedoria, nem sabemos que lá tenha existido algum indivíduo de
 2 talento, salvo o povo cita e Anacársis[131]. À raça cita coube, tanto quanto
sabemos, encontrar, para uma questão fundamental que se coloca à
humanidade, a solução mais apropriada; e a minha admiração pelos Citas
fica-se por aqui. Esse problema fundamental que eles resolveram traduz-
-se em que ninguém que os ataque escape ileso, e em que seja impossível
 3 apanhá-los se eles não quiserem ser descobertos. É uma gente que não
tem cidades nem muralhas; andam de casa às costas e todos eles são
archeiros a cavalo; não vivem da agricultura, mas da criação de gado, e
as casas levam-nas com eles nas carroças[132]. Um povo assim, como é
47.1 que não há-de estar protegido de ataques e inacessível? E se adoptaram
este tipo de vida foi porque o terreno em que viviam a isso era propício
e os rios colaboravam. É que esta região, que é plana, abunda em
pastagens e é bem irrigada; os rios que a atravessam, em número, não
 2 ficam muito atrás da rede de canais do Egipto[133]. Passo a enumerar, de
entre eles, aqueles que são famosos e navegáveis a partir do mar[134]: o

---

  [130] Europa, filha do rei de Tiro, Agenor, foi raptada por Zeus sob forma de um touro. Em Creta, onde a depôs o amante divino, deu à luz Sarpédon, Minos e Radamante. A primeira ocorrência deste nome vem no *Hino Homérico a Apolo* 250-251, onde simplesmente se refere ao continente grego, por contraste com o Peloponeso e as ilhas. Sobre o mito de Europa de Tiro, *vide* Heródoto, 1. 173. 2.

  [131] Sobre Anacársis, cf. *infra* 76-77.

  [132] Este é o retrato que Heródoto dá de uma comunidade nómada, com a impressão profunda que esse regime de vida causa em gente com hábitos sedentários. A grande vantagem do nomadismo – a autodefesa – tinha-se tornado patente ao tempo da campanha de Dario contra os Citas. De facto, a estratégia utilizada tinha a ver com esse mesmo tipo de vida: ao fugir diante do inimigo, os Citas confrontavam os seus perseguidores com um terreno em que só eles se sabiam mover com rapidez e segurança.

  [133] Sobre a rede de canais do Egipto, cf. 2. 108. 3.

  [134] Não deixaria de ser assombroso para um grego, cujo território não tem rios de curso significativo, ouvir descrever estes cursos de água. Por outro lado, é útil delimitar, em termos gerais, o espaço que, para Heródoto, correspondia à Trácia. Estendia-se ele do Mar Negro até às proximidades do Áxio (Valdar) e do Egeu até às terras transdanubianas.

Istro, com as suas cinco bocas[135], depois o Tiras, o Hípanis, o Borístenes, o Pantícapes, o Hipáciris, o Gerro e o Tánais. Eis alguns pormenores sobre o seu curso.

O Istro, que é o maior de todos os rios que conhecemos, mantém um caudal constante, quer de verão quer de inverno. Se é, em volume, o primeiro dos cursos de água do ocidente da Cítia, é porque todos os outros rios desaguam nele. Estes rios que o vêm engrossar são: cinco grandes cursos, que atravessam a Cítia – o que os Citas chamam Pórata e os Gregos Píreto, o Tiaranto, o Áraro, o Náparis e o Ordesso[136]. O primeiro citado de entre estes rios é caudaloso; corre para oriente e lança as suas águas no Istro. Mencionado em segundo lugar vem o Tiaranto, que fica mais a ocidente e é mais pequeno; o Áraro, o Náparis e o Ordesso correm no meio dos anteriores e lançam-se também no Istro. Estes são os rios nascidos na Cítia que desaguam nele. Dos Agatirsos corre ainda o rio Máris ao encontro do Istro[137]. Dos cumes do Hemo[138] vêm juntar--se-lhe outras três grandes correntes que fluem para norte, o Atlas, o Auras e o Tíbisis; pela Trácia, mais precisamente através da região dos Trácios Cróbizos, correm, para se lançarem no Istro, o Átris, o Noes e o Artanes[139]. Da Peónia e do monte Ródope vem desembocar nele o rio

48.1

2

3

4

49.1

---

[135] Logo para começar, ao Istro (Danúbio), Heródoto atribui cinco bocas, como aliás outros relatos antigos (cf. Éforo, *FGrHist* 70 F 157); há mesmo quem fale de um maior número de canais no delta do Danúbio, como Estrabão 7. 3. 15. Mas a verdade é que hoje esse número se reduz a três.

[136] Em boa parte, a rede hidrográfica traçada por Heródoto é de difícil identificação. E as diferenças não resultarão tanto de alterações naturais, mas sobretudo da dificuldade do seu conhecimento para um grego, na antiguidade. Destes cinco afluentes do Istro, o Pórata ou Píreto corresponde ao Prut, que hoje separa a Roménia da Moldávia; sobre os restantes quatro, a identificação é muito controversa; cf. Corcella, p. 172.

[137] O rio Máris identifica-se com o Mures ou Maros, um afluente da margem esquerda do Danúbio, proveniente dos Cárpatos e da Transilvânia. Sobre os Agatirsos, *vide infra* 104.

[138] Segue-se agora a enumeração dos afluentes da margem direita do Danúbio, segundo uma ordem que progride de este para oeste. Todos estes afluentes são referenciados como tendo origem no Hemo, as montanhas dos Balcãs que se estendem até ao Mar Negro (no centro da actual Bulgária). Exagerado é o volume de água que Heródoto lhes atribui, porque não passam de correntes menores.

[139] Estes Trácios Cróbizos seriam, para Heródoto, habitantes da região a norte dos Balcãs, embora mais tarde sejam referidos nas costas do Mar Negro (cf. Estrabão 7. 5. 12); neste último espaço Heródoto situa os Getas (*vide infra* 93). De resto, em *The Cambridge Ancient History*, III. 2, p. 198, defende-se a ideia de que os Cróbizos fossem um subgrupo dos Getas.

Há muitas dúvidas sobre a identificação destes rios. Segundo algumas opiniões, o Átris poderia ser o *Ieterus* ou *Iantrus*, na designação de Plínio (3. 149), e portanto o moderno Jantra; nos outros casos, as dúvidas são insuperáveis.

2   Éscio, que corta o Hemo a meio[140]. Da Ilíria, no sentido norte, o rio Angro avança para a planície dos Tribalos e para o rio Brongo, e o Brongo, por sua vez, para o Istro[141]. Assim o Istro recebe o curso dos dois, ambos importantes. Da região que fica acima dos Úmbrios, correm para norte o
3   rio Cárpis, e outro que é o Álpis, que vêm também confluir nele[142]. De facto, o Istro atravessa a Europa inteira, desde os Celtas, os povos que, a seguir aos Cinetes, são os que ocupam a parte mais ocidental da Europa[143]; cruza portanto a Europa de ponta a ponta e avança para os flancos da
50.1 Cítia. É então porque estes rios que referi e muitos outros lançam nele as suas águas que o Istro se torna o maior dos rios. Quando se comparam, em caudal, um com o outro apenas, o Nilo ganha em quantidade. De facto, para ele não corre nenhum rio nem nenhuma nascente que o venham
2   engrossar[144]. A razão por que o Istro mantém um curso regular no verão e no inverno é esta, segundo me parece: no inverno, ele é o que é, e pouco ultrapassa o seu volume natural, já que nessa região a chuva que
3   cai no inverno é muito pouca, enquanto a neve é constante. Durante o verão, no entanto, o gelo que caiu no inverno em grande quantidade derrete por todo o lado e corre para o Istro. Esta neve que se lhe vem juntar engrossa-o, bem como as chuvas abundantes e frequentes nessa
4   altura. É que lá é no verão que chove. E quanto mais água o sol atrair a si no verão, em maior quantidade do que capta no inverno, tanto mais abundante é a que, no verão, se mistura ao Istro, muito acima do que no inverno acontece. Destas condições contrárias resulta um equilíbrio, de modo que o rio parece sempre igual.
51 Um dos rios dos Citas é portanto o Istro. Segue-se o Tiras, que vem do norte; tem a sua nascente num grande lago, que faz fronteira entre a

---

[140] Ao Éscio há outras referências antigas: de Tucídides (2. 96) que o refere como Ὄσκιος e de Plínio (3.149) que o designa por *Oescus*. Simplesmente se ele for o búlgaro Isker, que de facto corre através dos Balcãs, não provém do monte Ródope situado no sul da Trácia.

[141] A planície dos Tribalos corresponde à região de Belgrado; a partir daí, os rios citados seriam respectivamente o Morava do sul (Ibar) e o grande Morava. Os Tribalos, também mencionados por Tucídides (2. 96. 4) e por Estrabão (7. 3. 8), eram um povo conhecido pela selvajaria e falta de regras sociais (cf. Aristóteles, *Topica* 115b 22-25; Isócrates 12. 227). Aristófanes, nas *Aves*, serve-se de um Tribalo para parodiar a geografia do Olimpo, onde esse tipo de deuses ocupam os confins (cf. vv. 1520 sqq.).

[142] Estamos agora a considerar rios da Itália do norte, cujos nomes sugerem Cárpatos e Alpes. O espaço é genericamente o da Europa Central, mas os rios em causa não são identificáveis.

[143] Os Cinetes ou Cinésios ocupavam, segundo Avieno, *Orla Marítima* 200-205, o território entre o Guadiana e o Cabo de S. Vicente e seriam provavelmente autóctones. Sobre as fontes do Danúbio e os Cinetes, *vide* Heródoto 2. 33. 3.

[144] Embora no Alto Nilo haja um ou outro afluente, Heródoto não os cita por desconhecimento, na medida em que o que sabe do Nilo não ultrapassa Elefantina.

Cítia e a Nêuride; na foz fixaram-se populações designadas por Tiritas[145].

O terceiro, o rio Hípanis[146], vem da Cítia e nasce num grande lago, em cuja periferia pastam cavalos selvagens de cor branca. Por isso, o lago se chama, de pleno direito, 'mãe do Hípanis'. Depois de brotar do lago, o rio Hípanis corre, durante cinco dias de navegação, com um curso fraco e a sua água é doce; a partir daí até ao mar, que são quatro dias de viagem, a água passa a ser terrivelmente amarga. É que se lança nele uma corrente amarga, e amarga a tal ponto que, embora sendo um curso pequeno, afecta o Hípanis, que é um rio caudaloso como poucos. Esta nascente fica nos limites do território dos Citas agricultores e dos Alazões[147]. O nome dessa nascente e da região de onde ela provém é, em cita, *Exampeu*, o que em grego equivale a 'caminhos sagrados'. No terreno dos Alazões, o Tiras e o Hípanis tomam uma direcção convergente. A partir daí, cada um diverge e corre alargando sempre o intervalo que os separa.

O quarto rio é o Borístenes[148], que, depois do Istro, é o maior dos da região e, do meu ponto de vista, o que mais recursos fornece, não apenas de entre os rios da Cítia, mas também de todos os outros, salvo o Nilo do Egipto. Realmente com este não há outro que possa competir. Mas dos restantes é o Borístenes o que proporciona mais recursos. Fornece pastagens belíssimas, óptimas para o gado, e peixes de uma qualidade magnífica e em quantidade. A água é excelente para beber e o curso límpido, perto de outros completamente turvos. As sementeiras nas margens desenvolvem-se lindamente e a erva, na terra não semeada, cresce com força. Junto à foz, o sal cristaliza-se por si próprio, em quantidade[149]. Para a salga fornece grandes peixes sem espinhas,

52.1

2

3

4

53.1

2

3

---

[145] O Tiras é o Dniestre, em cuja foz se acumulavam diversos núcleos populacionais gregos, a que Heródoto dá a designação geral de Tiritas. De entre eles sobressaía a cidade de Tira, fundada por Mileto já no séc. VI a. C. Sobre os Neuros, *vide infra* 105.

[146] O Hípanis é o Bug, que vem de mais próximo e é, portanto, mais curto do que os outros. Também a este rio é atribuída como nascente um lago, o que genericamente corresponde à concepção que Heródoto tem da origem dos diversos rios da Cítia. Segundo Corcella (p. 271), talvez esta ideia se fundamentasse na noção de que a Bielorrússia e a Ucrânia, de onde esses caudais provêm, são regiões pantanosas. Entre os Gregos, havia uma outra teoria que fazia provir estes vários rios das montanhas da Cítia (cf. Aristóteles, *Meteorologica* 1. 13, 350b).

[147] Cf. *supra* 17.

[148] Cf. *supra* nota 49.

[149] Já no séc. II d. C., Díon Crisóstomo (*Discursos* 36. 3) ainda salientava a importância da produção de sal no Dniepre; articulado com a indústria da salga de peixe, representava de facto uma enorme riqueza.

4   chamados *antáceos*[150], e muitas outras maravilhas. Até à região de Gerro, a quarenta dias de navegação, sabe-se que o seu curso vem do norte; mais para cima, ninguém é capaz de dizer que territórios atravessa[151]. Mas é certo que cruza um deserto[152] até à região dos Citas agricultores. Esses Citas, de facto, habitam-lhe as margens num espaço de dez dias de
5   navegação. É este o único rio, para além do Nilo, de cujas fontes não sei dar notícia, nem eu nem, estou convencido, nenhum outro grego. Quando o Borístenes chega perto do mar, o Hípanis mistura as águas com as dele
6   num mesmo pântano[153], onde ambos vêm desembocar. O intervalo entre os dois rios, que se projecta como um esporão, chama-se promontório de Hipolau[154]. Nesse espaço foi construído um templo de Deméter. Do outro lado do santuário, junto ao Hípanis, habitam os Boristénidas.
54 Quanto a estes rios é tudo.

Depois deles, vem um outro rio, o quinto, que se chama Pantícapes[155]. Também este corre do norte e provém de um lago; no

---

[150] Também Plínio, *História natural* 9. 45, fala de peixes sem espinhas, que são os esturjões.

[151] O Dniepre, que nasce na planície de Valdai, é um rio com quase dois mil quilómetros de extensão. Essa mesma dimensão dificultava um conhecimento pleno do seu curso, que Heródoto limita até à região do Gerro. Vários pormenores resultam obscuros da informação do historiador. Em primeiro lugar, a distância estabelecida em termos de quarenta dias de viagem até esse limite navegável, que tem parecido exagerada. Várias soluções têm sido sugeridas para a correcção desta medida: que haja erro no próprio manuscrito no registo do número de dias; que o número não pretenda ser exacto mas apenas simbólico de bastante distância; ou que simplesmente a avaliação tenha sido mal feita. Segue-se a dificuldade de localizar a região de Gerro. Legrand (p. 80) admite duas hipóteses: ou, de acordo com a indicação do cap. 71 de que o rio era navegável até Gerro, entendemos que se trata dos rápidos próximos de Ekaterinoslav; ou então, porque o mesmo cap. 71 diz que Gerro seria nos limites da Cítia, que esse seria um ponto extremo do território a quarenta dias efectivos de viagem. Não se esqueça, no entanto, que Heródoto observa, *infra* 101. 3, que a medida máxima da Cítia em extensão correspondia a vinte dias de viagem. Há, no entanto, que contar com a possível divergência entre uma medida avaliada em linha recta e a extensão maior que os meandros do rio provocam.

[152] Cf. *supra* 18.

[153] Devido ao baixo nível das águas do golfo de Ólbia no verão, Heródoto fala de 'pântano'.

[154] Nas moedas encontradas em Ólbia, a cabeça de Deméter é um motivo muito frequente. Quanto ao promontório que divide a foz do Dniepre e do Bug, o nome por que é conhecido parece aludir a um herói ligado aos cavalos, o que seria muito oportuno dentro dos hábitos da região. Corresponde ao que hoje se chama cabo Stanislav e é também referido por Díon Crisóstomo, *Discursos*. 36. 2.

[155] Sobre os três rios mencionados a seguir, o Pantícapes, o Hipáciris e o Gerro, as dúvidas de identificação são muitas. Sobre o Pantícapes, o Gerro e as características do seu percurso, *vide supra* 18, 19 e respectivas notas.

espaço entre ele e o Borístenes habitam os Citas agricultores; prossegue na direcção de Hileia e, depois de a ladear, desagua no Borístenes. O sexto rio é o Hipáciris, que vem de um lago, atravessa pelo meio da região dos Citas nómadas e desemboca junto à cidade de Carcinítide, tendo à direita a Hileia e o que chamamos 'Corredor de Aquiles'[156]. O sétimo rio, o Gerro, destaca-se do Borístenes naquele ponto do território até onde o Borístenes é conhecido. A partir daí, portanto, afasta-se e tem o mesmo nome da região, Gerro. No seu curso para o mar, estabelece a fronteira entre o território dos nómadas e o dos Citas reais e desagua no Hipáciris. Finalmente o oitavo rio é o Tánais, que, na parte superior do seu curso, provém de um grande lago, para desembocar num outro lago maior ainda, chamado Meótis, que faz fronteira entre os Citas reais e os Saurómatas. Neste Tánais lança-se um outro rio chamado Hírgis[157].

São estes os famosos rios de que os Citas têm a vantagem de usufruir. Daí que a erva que brota na Cítia seja, de todas as ervas que conhecemos, a que mais desenvolve a bílis no gado. Quando se eventram as rezes, pode verificar-se que assim é.

Os Citas dispõem, portanto, em quantidade, dos recursos de primeira importância. Por outro lado, são estes os costumes que praticam.

Os únicos deuses que eles veneram são os seguintes: antes de mais Héstia[158], depois Zeus e a Terra[159], considerando-se a Terra mulher de Zeus; e ainda Apolo, Afrodite Urânia, Hércules e Ares[160]. Estes são os

55
56
57
58
59.1

---

[156] Carcinítide é uma cidade de fundação grega do séc. VI a. C., situada do lado ocidental do istmo que liga a península da Crimeia ao continente. Também Hecateu se lhe refere (*FGrHist* 1 F 184). O 'corredor de Aquiles' corresponde a uma longa faixa de areia que corre paralela à costa, para sul da Hileia, hoje conhecida por península de Tendra. Segundo uma tradição relatada por Pompónio Mela (2. 5), aí o herói teria realizado uma corrida. Aquiles tinha um culto importante no Mar Negro, documentado por fontes epigráficas. Segundo a tradição, por altura dos funerais do herói, sua mãe Tétis recolheu-lhe a alma e levou-a para esta 'ilha branca', arborizada e cheia de feras. Sobre este mito, cf. R. Graves, *Greek Myths*, II, p. 317.

[157] O Tánais é o rio Don e o Hírgis, seu afluente da margem direita, o Donetz. Cf. *infra* 123. 3, onde este último rio é de novo referido com a versão Sírgis.

[158] Tudo o que sabemos sobre a religião cita é-nos descrito por Heródoto. Mas do carácter sucinto da referência sobejam-nos muitas dúvidas. Em primeiro lugar, a remissão das divindades citas para as suas equivalentes gregas não nos esclarece sobre os atributos que as aproximam. Os próprios nomes deixam muitas incertezas de leitura e interpretação.

Héstia, uma deusa ligada ao culto do fogo (Tabiti 'ardente'), era tida pelos Citas como a divindade suprema; *vide infra* 127. 4.

[159] Zeus, deus pai (Papeu), era soberano dos céus e esposo da Terra, ainda que Api seja, na língua irânica, associado sobretudo com água.

[160] Apolo, que era o deus da luz, tinha a designação de Getósiro, 'rico em posses'; Afrodite Urânia, deusa celeste, era chamada Argímpasa, 'deusa da lua'.

deuses que todos os Citas reconhecem, mas os chamados Citas reais sacrificam também a Posídon. Em cita, Héstia chama-se Tabiti; Zeus, Papeu, nome que acho perfeitamente adequado; a Terra, Api; Apolo, Getósiro; Afrodite Urânia, Argímpasa; Posídon, Tagimásadas[161]. Não usam construir imagens, altares ou templos a não ser a Ares[162]. Nesse caso, constroem.

Os rituais de sacrifício são para todos os Citas os mesmos, em todo o tipo de cerimónias. O procedimento é este[163]: a vítima em si fica de pé, com as patas da frente imobilizadas; o sacrificador, perfilado atrás do animal, puxa a ponta da corda e derruba-o; quando a vítima cai, aquele invoca o deus a que o sacrifício se destina; acto contínuo, lança-lhe uma corda à volta do pescoço, mete por dentro um pau, que vai fazendo girar, e asfixia-a. Não se acende o fogo, nem há consagração de primícias, nem se fazem libações. Depois de a vítima estar estrangulada e esfolada, trata-se de a cozer. Sendo a Cítia extremamente pobre em madeira, foi esta a solução que se arranjou para a cozedura das carnes. Quando as vítimas estão esfoladas, separam-se os ossos da carne. Metem-nas então – se se der o caso de os terem – nuns caldeirões, típicos da região, que são muito parecidos com os *crateres* de Lesbos[164], simplesmente muito maiores. Portanto metem-nas lá dentro e fazem-nas cozer, acendendo por baixo o fogo com os ossos das vítimas. Se não tiverem caldeirão, é nos buchos das vítimas que metem as carnes todas misturadas com água; a seguir incendeiam os ossos por baixo. Os ossos ardem muito bem e os buchos facilmente acomodam as carnes desossadas. Deste modo o boi basta-se à sua própria cozedura e o mesmo se passa com as outras vítimas. Quando as carnes estão cozidas, o sacrificador retira como primícias uma parte das carnes e das vísceras, que atira ao chão na sua frente. Imolam também os outros tipos de gado, e sobretudo cavalos.

---

[161] Perante a dificuldade colocada pela interpretação do nome cita de Posídon, Tagimásadas, Corcella (p. 282) aventa como mais provável a relação da palavra com 'cavalos', um conhecido atributo deste deus, do que com 'mar', dentro da realidade do território e da cultura em questão.

[162] Cf. *infra* 62.

[163] Há uma única excepção a esta uniformidade, que Heródoto salienta adiante em 62. 3-4: só a Ares são consagrados sacrifícios humanos. A descrição feita dos ritos citas tem como termo de contraste as práticas gregas em circunstâncias idênticas. Assim, como grego, Heródoto regista a falta do fogo, da consagração das primícias e das libações. Em contrapartida, enumera a imobilidade da vítima, a simulação de que ela se prostra voluntariamente quando é derrubada com um puxão de corda, e deixa latente a ideia de que não há golpe e portanto se evita o derramamento de sangue.

[164] Não sabemos quais as características específicas destes *crateres*, do mesmo modo que desconhecemos o que sejam em particular os *crateres* argivos, referidos *infra* 152. 4.

É assim que sacrificam aos outros deuses e são estas as vítimas que imolam. Mas, no caso de Ares, o ritual é o seguinte. Em cada distrito do território cita edifica-se um santuário a Ares segundo este padrão: num espaço de três estádios[165] em comprimento e largura, menos em altura, empilham-se estacas de madeira. Sobre esta estrutura, constrói-se uma placa quadrada, de forma que três dos lados são cortados a pique e o acesso se faz só por um. Todos os anos, acrescentam-se cento e cinquenta carros de estacas, para compensar o desgaste fatal causado pelas intempéries. Em cima deste aglomerado está sempre implantada uma espada de ferro antiga, que é a representação de Ares[166]. A essa espada oferecem-se sacrifícios anuais, de gado e de cavalos. E para além do que sacrificam aos outros deuses, a este ainda imolam mais o seguinte: de entre os inimigos que capturam com vida, sacrificam um homem em cada cem; este tipo de sacrifício não se faz da mesma maneira que o do gado, mas segundo um outro ritual. Depois de se lhes derramar vinho sobre a cabeça, os homens são degolados sobre um vaso; esse vaso é, a seguir, levado para o alto da pilha de lenha e o sangue derramado sobre a espada. Portanto o vaso é levado lá para cima e, entretanto cá em baixo, junto do santuário, procede-se assim: a todos os homens degolados é cortado o ombro direito com o braço respectivo, que são lançados ao ar. Depois de consumirem as outras vítimas, vão-se embora. O braço ali fica onde caiu, e o cadáver noutro lado.

Estes são os sacrifícios instituídos entre eles. De porcos nunca se servem, nem tão pouco criam, sob pretexto algum, animais desses na sua terra[167].

O comportamento guerreiro obedece, entre eles, às regras seguintes. Quando um Cita abate o seu primeiro inimigo, bebe-lhe o sangue[168]. De todos os que liquidar no combate, leva ao rei a cabeça, porque só quem apresentar uma cabeça tem direito a partilhar do saque; se a não levar, não tem. A cabeça é esfolada da seguinte maneira: fazem-lhe uma incisão

---

[165] Estes três estádios correspondem a cerca de 532 metros. A ter em conta a falta de madeira de que sofre a região, uma estrutura com estas medidas será muito improvável.

[166] Naturalmente a arma tem a ver com a identidade de Ares como deus da guerra. A arqueologia comprovou de facto a presença deste tipo de ritual e de símbolo. Também o sacrifício humano tem características próprias da identidade do deus guerreiro: a escolha da vítima entre os inimigos capturados, a mutilação do braço direito que significa a neutralização da sua força e de qualquer possibilidade de vingança. Por fim, deixar insepulto o cadáver é, de acordo com o código grego, um comportamento tipicamente bárbaro.

[167] Neste caso a arqueologia desmentiu Heródoto porque foram encontrados ossos de suíno na região.

[168] Para lhe assimilar juntamente todas as qualidades guerreiras.

em círculo à altura das orelhas, agarram-lhe a pele da cabeça que sai com um puxão. Raspam-lhe a carne com uma costela de boi, amassam--na entre as mãos e, depois de a amolecerem, moldam com ela uma espécie de lenço. Prendem-na aos arreios do cavalo que montam e gabam--se dela. Porque aquele que tiver o maior número desses lenços é considerado o guerreiro mais valente. Muitos deles fazem com as peles
3 túnicas com que se vestem, cosendo-as como se fossem samarras. Muitos arrancam aos cadáveres dos inimigos a pele da mão direita, juntamente com as unhas, e fazem com ela um revestimento para a aljava. A pele humana é espessa e brilhante, de todas as peles talvez a que tem uma brancura mais luzente. Há muitos até que esfolam homens inteiros, que
4 lhes esticam a pele em placas de madeira e se passeiam com elas sobre os cavalos. Quanto a este aspecto são estas as práticas que têm por norma.
65.1 Às cabeças, não a todas mas às dos piores inimigos, fazem-lhes o seguinte: cortam o crânio à altura dos sobrolhos e limpam-no bem; a partir daí um pobre limita-se a envolvê-lo por fora com uma pele de boi por curtir e usa-o assim mesmo; um rico não só o reveste com uma pele de boi por curtir, mas dá-lhe um banho de ouro por dentro e utiliza-o como taça[169]. Com os crânios dos familiares fazem o mesmo, se entre eles houver
2 alguma divergência e um deles conseguir levar a melhor ao outro perante o rei. Quando recebem hóspedes de distinção, apresentam-lhes essas tais cabeças, explicam-lhes que eram de parentes seus que, apesar disso, lhes fizeram oposição e de quem saíram vencedores; e falam do assunto
66 como de um feito heróico. Uma vez por ano, o governador de cada distrito[170], na sua jurisdição, prepara um *cráter* de vinho misturado com água, de que partilham os Citas que tenham liquidado inimigos; quem não tiver realizado essa proeza, não prova desse vinho; pelo contrário, é posto à margem sem direito a essa distinção, o que é, para eles, a humilhação máxima. Aqueles que tiverem liquidado um número elevado de inimigos recebem duas taças em vez de uma e bebem delas ao mesmo tempo.
67.1 Os Citas têm adivinhos sem conta, que profetizam servindo-se de um sem número de estacas de vime. Arranjam grandes molhos de estacas, põem-nos no chão, soltam-nos e recitam fórmulas de adivinhação enquanto separam e amontoam as estacas uma a uma. Mais, sem

---

[169] Este hábito de beber pelo crânio de um inimigo, além de confirmado por achados arqueológicos, vem abundantemente referido em fontes literárias: Platão, *Eutidemo* 299e; Estrabão 7. 3. 7; Pompónio Mela 2. 13.

[170] Embora se não saiba hoje definir o esquema administrativo dos Citas, organizado em *nomoi*, nem as funções específicas de cada governador, tem-se a ideia da sua existência.

interromperem a recitação das fórmulas, juntam as estacas outra vez, para depois as voltarem a dispor uma a uma[171]. Esta técnica de adivinhação é, entre eles, ancestral. Os Enareus, homens efeminados[172], afirmam que foi Afrodite quem lhes concedeu o dom profético. Por isso praticam a adivinhação servindo-se de casca de tília. Desmembram a casca em fibras e servem-se delas entrelaçando-as e desentrelaçando-as nos dedos.

Quando o rei dos Citas adoece, manda chamar três adivinhos dos mais afamados, que vaticinam de acordo com o processo que acabo de descrever. E fazem uma declaração mais ou menos nestes termos: que fulano ou sicrano – e indicam o nome do cidadão a que se estão a referir – prestou falso juramento pela morada real; é que é sobretudo pela morada real que os Citas têm o hábito de jurar, quando pretendem assumir os compromissos mais solenes. Imediatamente esse que foi acusado de jurar falso é aprisionado e trazido e, já na sua presença, é acusado pelos adivinhos. Denunciam então que o ritual de adivinhação indica que ele jurou falso pela morada real e que é por isso que o rei está doente. O sujeito nega, protesta que não jurou falso, mostra-se indignado. Perante a negativa, o rei convoca outros adivinhos, em número duplicado. E se também estes, recorrendo à adivinhação, o acusarem de perjúrio, sem mais demoras cortam-lhe a cabeça, e os primeiros adivinhos repartem entre si os bens do condenado; se, pelo contrário, os segundos adivinhos o absolverem, são chamados outros profetas e mais outros ainda; se, por maioria, o sujeito for declarado inocente, serão então os primeiros adivinhos quem tem de pagar com a vida. E são executados pelo processo seguinte: enche-se um carro com uma pilha de lenha, a que se atrelam bois; os adivinhos são aprisionados, de mãos amarradas atrás das costas, amordaçados e enfiados no meio da lenha; depois deita-se-lhe o fogo e espantam-se os bois. Muitas vezes os animais ardem juntamente com os adivinhos, mas muitas também, mesmo chamuscados, conseguem escapar, depois de o varal do carro ter ardido. Há também muitos outros

---

[171] Heródoto é mais minucioso na descrição dos processos de adivinhação do que na caracterização dos rituais religiosos. Este é um sistema de adivinhação que se tornou comum entre vários povos; vide Amiano Marcelino 31. 2. 24; Tácito, *Germânia* 10. 1; Estrabão 15. 3. 14-15.

[172] Heródoto já se tinha referido a estes Citas efeminados, por castigo divino, em 1. 105. 4. Tinha sido em Ascalão, na Síria, que os Citas cometeram o sacrilégio de saquear o templo de Afrodite Urânia e por isso foram penalizados. O nome de Enareus será talvez uma deturpação de uma forma baseada em *nar* 'homem', com ἀ- privativo. Aristóteles (*Ética a Nicómaco* 1150b 12-16) confirma que esta mesma doença vitimou a família real cita. Hipócrates (*Sobre o ambiente* 22) procura para o mal uma justificação mais objectiva, atribuindo-o à prática excessiva de exercícios equestres entre os nobres citas.

Por seu lado, a tília era uma árvore consagrada a Afrodite.

        motivos para se queimarem os adivinhos da forma que descrevi, sob
3   acusação de depoimento falso. Dos que são condenados à morte, o rei não poupa nem os filhos: tudo que seja geração masculina é executada, escapam apenas as mulheres.

70   Quando fazem um juramento, os Citas procedem da seguinte forma: numa grande taça de barro vertem vinho e misturam-no com sangue dos contraentes[173], que foram picados com uma sovela ou a quem se fez, com uma faca, um pequeno golpe no corpo; depois mergulham na taça uma espada, flechas, um machado e um dardo, após o que recitam uma série de imprecações; por fim, bebem o conteúdo, tanto os que fazem o juramento, como as personagens mais prestigiadas de entre os que os acompanham.

71.1   Os túmulos dos reis ficam no território dos Gerros, até ao ponto em que o Borístenes é navegável[174]. Aí, quando o rei morre, abre-se, no chão, uma grande vala quadrada; depois de a prepararem, pegam no cadáver – o corpo é totalmente revestido de cera, o ventre é aberto e limpo, depois cheio de junça moída, de plantas aromáticas, de grãos de aipo e de anis, e outra vez cosido[175] – e, num carro, levam-no até um
2   outro povo. Aqueles que, ao longo deste percurso, recebem o corpo, procedem como os Citas reais: cortam um pedaço de orelha, rapam os cabelos a toda a volta, fazem golpes nos braços, arranham a testa e o
3   nariz e cravam flechas na mão esquerda. Desse lugar, conduzem, no carro, o cadáver para outro povo dos que estão sob seu domínio. Aqueles por quem já passaram antes vão atrás deles. Depois de os percorrerem todos com o cortejo do morto, chegam ao território dos Gerros, de entre

---

[173] Heródoto documenta esta prática de selar um juramento com derramamento de sangue entre diversos povos: cf. 1. 74. 5, 3. 8. 1. Sobre o assunto, *vide* F. Hartog, *Le miroir d'Hérodote*, Paris, 1980, pp. 130-135; G. Herman, *Ritualised Friendship and the Greek city*, Cambridge, 1987, p. 54.

[174] Cf. *supra* 53. 4, 56. Heródoto trata agora de um assunto interessante que é o dos enterramentos reais; aliada aos achados arqueológicos, a versão de *Histórias* é a fonte mais importante para o conhecimento da vida cita. De facto, porque é patente entre estes povos a crença no além-túmulo, os mortos são rodeados de tudo aquilo que, na morte, lhes poderia satisfazer as necessidades, avaliadas à semelhança do dia-a-dia. São abundantes os túmulos encontrados, sobretudo na região de Kuban, que ocupam um período situado entre os séc. VII e IV a. C., e que abonam em boa parte a descrição de Heródoto. Ricos em objectos de ouro, contêm-nos, no entanto, também de prata e bronze, contrariando a descrição do historiador. Sobre o aparato dos funerais revelado pelas escavações modernas, *vide The Cambridge Ancient History*, III, pp. 210-214. Estes achados dão-nos uma imagem inestimável da vida e da morte de uma classe reinante poderosa, possuidora de enormes tesouros em ouro e prata, mas também de inúmeros escravos e de requintes de luxo de toda a espécie.

os povos do seu império o mais afastado, onde ficam as sepulturas. Aí 4
depõem o cadáver na câmara mortuária sobre um leito de folhagem,
espetam dardos no chão de um e outro lado do corpo, em cima deles
estendem tábuas e cobrem-nas de canas. No espaço que fica livre dentro
da câmara sepultam, depois de os terem estrangulado, uma das concubinas
reais, o escansão, um cozinheiro, um palafreneiro, um criado, um
mensageiro, cavalos, uma parte de tudo o mais que possuía em vida e
taças de ouro. Não usam o que quer que seja de prata ou de cobre. Feito 5
isto, constroem em conjunto um grande túmulo, empenhando todos os
esforços para que ele resulte o maior possível. Passado um ano, fazem 72.1
outra vez uma cerimónia deste género[176]: dos servos que restaram,
seleccionam os mais competentes (que são Citas de nascimento, já que
servos do rei são aqueles a quem ele designa pessoalmente para o efeito;
criados comprados não têm) e, de entre esses criados, degolam uma meia 2
centena, mais uns cinquenta cavalos dos mais bonitos; esvaziam-lhes a
barriga, limpam-na, enchem-na de palha e voltam a cosê-la. Sobre dois 3
postes, fixam metade de uma roda, virada para baixo, e a outra metade
da roda cravam-na sobre outros dois; e, desta maneira, vão espetando
muitos suportes do mesmo género. Depois trespassam, no sentido
longitudinal, os cavalos, até ao pescoço, com grandes varas de madeira,
e põem-nos em cima das rodas; as da frente suportam os ombros dos 4
cavalos, as de trás apoiam-lhes o ventre junto dos flancos. As patas ficam
suspensas no ar. Então põem-lhes arreios e freios, esticam-nos para a
frente dos animais e prendem-nos a estacas[177]. Dos cinquenta jovens que 5
foram degolados, põem cada um montado no seu cavalo do seguinte
modo: espetam em cada corpo, ao longo da espinha dorsal até à nuca,
um pau direito. Desse pau, a ponta que sai por baixo vai encaixar num
furo feito na outra vara que atravessa o cavalo. Depois de disporem em
círculo estes cavaleiros em volta do túmulo, vão-se embora.
    São estes os ritos fúnebres em honra dos reis. Aos outros Citas, 73.1
quando morrem, os parentes mais próximos levam-nos em cortejo a casa

---

[175] Este processo de embalsamamento tinha a vantagem de preservar o corpo durante esta última visita aos seus súbditos, bem como de o manter intacto na outra vida.

[176] Ou seja, portanto, no primeiro aniversário da morte repetiam um cerimonial semelhante ao do enterramento. Deste segundo ritual a arqueologia não pôde dar provas, porque a própria exposição de cadáveres de homens e cavalos no exterior do túmulo impediu a preservação.

[177] Esticar os arreios e freios para a frente do animal é o gesto contrário ao comum, dado que esses são os elementos de controle do cavalo que o cavaleiro deve segurar na mão. Mas neste caso, decerto que arreios e freios colaboram na estabilidade do animal de forma a manter-lhe, direitos e seguros, cabeça e pescoço.

dos amigos, estendidos em carros; cada um deles o acolhe, presenteia os acompanhantes com um banquete e ao morto oferece também de tudo o que dá aos outros. Durante quarenta dias os cadáveres da gente comum são passeados deste modo; a seguir, sepultam-nos[178].

2 Depois do funeral, os Citas purificam-se da seguinte maneira: esfregam um unguento na cabeça, que depois lavam; quanto ao corpo, é assim que procedem: põem três tábuas ao alto, inclinadas umas para as outras, e sobre elas estendem coberturas de lã, que procuram fechar o mais hermeticamente possível; a seguir atiram para um vaso colocado no meio das tábuas e das coberturas pedras aquecidas ao lume. Cultiva-se no território que lhes pertence cânhamo, muito parecido com o linho, salvo na espessura e na altura[179], porque nessas características o cânhamo ultrapassa-o de longe. Este cânhamo ou nasce espontaneamente ou é semeado, e é com ele que os Trácios até fazem umas roupas muito semelhantes às de linho. Quem não estiver muito habituado, não conseguirá distinguir o linho do cânhamo; e quem nunca viu uma roupa de cânhamo vai pensar que é de linho. Ora bem, é precisamente a esse cânhamo que os Citas vão buscar a semente[180], metem-se debaixo das coberturas e atiram os grãos para as pedras aquecidas ao fogo. À medida que os vão atirando, solta-se deles um aroma e produz-se um vapor tal como nenhum braseiro grego seria capaz de produzir. Os Citas, alucinados com o efeito do braseiro, põem-se a gritar. Este processo faz-lhes a vez de um banho, porque para eles é de todo impensável lavarem o corpo com água. Por sua vez as mulheres trituram, com uma pedra áspera, pedaços de madeira de cipreste, de cedro e de incenso, a que vão juntando água. Depois, essa raspadura, que faz uma pasta grossa, aplicam-na em todo o corpo e mesmo no rosto. Este preparado proporciona-lhes um cheiro agradável e, ao mesmo tempo, quando, no dia seguinte, o retiram, ficam com uma pele impecável e brilhante.

---

[178] O cortejo fúnebre da gente comum é uma versão mais modesta do périplo de despedida feito ao rei. Os rituais finais, no momento de sepultar o morto são, neste caso, omitidos por Heródoto.

[179] Tanto o cânhamo como o linho são plantas herbáceas; mas a primeira, de facto, cresce em caules delgados e altos, que podem atingir vários metros, enquanto o linho tem um talo mais grosso mas uma altura bastante menor.

[180] É evidente que as sementes, submetidas ao fogo, exalam uma substância com propriedades sedativas e alucinogéneas, para além de fazerem o efeito de uma sauna higiénica. Há portanto uma mistura entre um processo de purificação e um ritual apotropaico, talvez destinado a afastar o espírito do morto e a proteger os vivos da sua perseguição.

Costumes estranhos é uma coisa que também[181] esta gente é **76**.1
profundamente avessa a aceitar, quer provenham de outros povos, e pior
ainda se provierem dos Gregos[182]. Esta atitude ficou patente no caso de
Anacársis e, mais tarde, outra vez no de Ciles. Pois Anacársis[183], depois 2
de ter visitado terras sem conta e de por lá ter dado provas de uma grande
sabedoria, estava de regresso ao país dos Citas. Ao atravessar o
Helesponto, ei-lo que chega a Cízico[184], onde foi encontrar o povo a 3
celebrar, com grande sumptuosidade, uma festa à Mãe dos deuses;
Anacársis prometeu então à deusa mãe, se regressasse a casa são e salvo,
oferecer-lhe sacrifícios semelhantes àqueles que via fazerem os Cizicenos
e instituir, em sua honra, uma noite de vigília. Chegado à Cítia, 4
embrenhou-se na chamada Hileia[185] (que é uma região junto do Corredor
de Aquiles, completamente coberta de árvores de todo o tipo), pois
Anacársis penetrou nessa região e aí celebrou, com todos os requisitos,
a festa em honra da deusa, de tímpano na mão e com as imagens
amarradas ao corpo[186]. Mas um dos Citas apercebeu-se de que ele 5
executava o ritual e foi denunciá-lo ao rei Sáulio. Este, quando chegou e

---

[181] Heródoto considera a atitude semelhante dos Egípcios, a que se referiu em 2. 91. 1.

[182] Com estas duas histórias, mais ou menos fabulosas, Heródoto documenta a reacção mais tradicionalista dos Citas que procuravam opor-se à penetração da cultura grega nos seus territórios, inevitável face à intensificação constante, entre os séc. VI e V a. C., dos contactos comerciais. Para alguns, porém, a adesão à cultura grega era tão natural e plena que a disparidade de posições pôde provocar conflitos dentro da própria comunidade.

[183] Em volta da personagem de Anacársis multiplicaram-se as lendas. Em geral, revestiu a imagem do bárbaro sensato e superior, cujo nome os Gregos incluíram entre os dos sete sábios, e que, como outros, fez inúmeras viagens numa tentativa de conhecer o mundo. A sua faceta de entusiasta dos costumes gregos reaparece mencionada por Diógenes Laércio 1. 103. O parentesco que se lhe atribui com o monarca cita Idantirso faz dele uma figura histórica que se situa no séc. VI a. C. Mas como esta identificação se deve a um testemunho isolado, talvez esta personalidade resulte sobretudo da imaginação e da tradição. Sobre os diversos testemunhos acerca de Anacársis, vide J. M. Balcer, 'The date of Herodotus IV. 1 Darius' Scythian Expedition', p. 106.

[184] Sobre Cízico, cf. *supra* nota 43. Aí se celebravam grandes festas à Mãe dos deuses, isto é, Cíbele, que tinha um culto muito activo na Ásia Menor como divindade da natureza. Segundo a tradição, o templo de Cíbele existente em Cízico tinha sido fundado pelos Argonautas (Estrabão 12. 8, 11). Depois de patrocinadora de fertilidade, foi considerada uma deusa da natureza selvagem, que se representava acompanhada de leões. Foi também encarada como curadora de doenças e protectora do seu povo em tempo de guerra. Divulgada entre os Gregos no decorrer do séc. V, foi aí identificada com a Mãe dos deuses, ou seja, com Deméter.

[185] Sobre a Hileia, *vide supra* nota 25; sobre o 'Corredor de Aquiles', nota 156.

[186] Fazia parte do culto prender ao corpo, ou principalmente pendurar ao pescoço, pequenas imagens da deusa e de Átis, um pastor pelo qual, segundo a tradição, Cíbele se teria apaixonado. Quando este, de quem a deusa exigira um voto de castidade, decidiu

6	viu, com os próprios olhos, o que Anacársis estava a fazer, atirou-lhe uma flecha e matou-o. E hoje em dia, quando se fala de Anacársis, os Citas afirmam que o não conhecem, apenas porque ele partiu para a Grécia e adoptou costumes estranhos. Ao que ouvi dizer a Timnes[187], o procurador de Ariápites, Anacársis era tio do rei dos Citas, Idantirso, filho de Gnuro, neto de Lico e bisneto de Espargápites. Ora se Anacársis pertencia a esta família, pois que fique claro que ele foi morto pelo próprio irmão; de facto, Idantirso era filho de Sáulio, e foi Sáulio quem matou
77.1	Anacársis. Todavia ouvi também uma outra versão da história, contada pelos Peloponésios[188]: teria sido a mando do rei dos Citas que Anacársis foi frequentar uma escola na Grécia. No regresso, teria revelado a quem o enviou que todos os Gregos eram muito dados a todo o tipo de saber, menos os Lacedemónios. E, no entanto, só estes últimos eram capazes
2	de falar e de ouvir com acerto. Mas esta é uma versão sem fundamento, forjada pelos próprios Gregos, pois que o sujeito morreu da forma que atrás descrevi.
78.1	Foi este então o fim de Anacársis, graças a ter adoptado costumes estranhos e a ter tido contacto com os Gregos. Muitos anos mais tarde, Ciles, filho de Ariápites, teve sorte semelhante. Dos vários filhos de Ariápites, rei dos Citas, contava-se entre outros Ciles. Este era filho de uma mulher de Ístria[189], logo totalmente estranha à região. Foi com a
2	mãe que ele aprendeu a língua e a escrita gregas. Tempos mais tarde, Ariápites morreu assassinado à traição por Espargápites, rei dos Agatirsos[190]. Ciles herdou o trono e a mulher do pai, de nome Ópea. Esta
3	Ópea era da região e dela Ariápites tinha tido um filho, Órico. Apesar de exercer o poder sobre os Citas, Ciles não tinha o menor gosto pelo tipo de vida cita; sentia muito mais inclinação para o modelo de vida grego

---

desposar uma ninfa, Cíbele enraivecida pelo ciúme fê-lo louco, de modo que o jovem se castrasse e morresse. Este mito, que, no pormenor, admite versões diversas, pretende justificar a razão pela qual os sacerdotes de Cíbele eram eunucos.

[187] Estes procuradores representavam os Citas poderosos, neste caso o próprio monarca Ariápites, nos mercados comerciais do Mar Negro, onde os contactos com os Gregos eram intensos.

[188] Esta outra versão retira a Anacársis o prestígio de ser um entusiasta da cultura grega, para o tornar um crítico da verborreia dos Gregos, excepção feita aos próprios autores da história, os Lacedemónios, de quem o Cita teria apreciado, como caso à parte no mundo grego, o laconismo e a sobriedade no uso da palavra. Muito suspeita e parcial, naturalmente, esta última versão. No entanto, esta opção pela discrição espartana criou--lhe uma certa auréola do 'bom selvagem' que desdenha os excessos da civilização.

[189] Ístria era uma colónia milésia estabelecida na foz do Danúbio (ou seja, o Istro, na sua designação antiga). Logo a mãe de Ciles era de origem grega.

[190] Vide infra 104.

em que tinha sido educado desde criança. Por isso, procedia assim: sempre que conduzia o exército cita para a cidade dos Boristénidas[191] (os Boristénidas dizem-se Milésios), pois quando lá ia, deixava o exército à entrada da cidade; e ele, depois de penetrar nas muralhas, fechava as portas, tirava o trajo cita[192] e vestia uma roupa grega. Assim trajado, passeava-se pela praça sem escolta ou qualquer outra companhia (aliás as portas estavam sob vigilância, não vá que algum Cita o visse com aquela roupa); de resto, adoptava os costumes gregos e fazia sacrifícios aos deuses segundo as regras gregas. Depois de se passar um mês ou mais, partia de novo vestido com o trajo cita. Fez isto vezes sem conta; edificou em Borístenes uma mansão e lá instalou uma mulher da região com quem se casou. Mas como estava escrito que ele havia de acabar mal, a oportunidade para tal proporcionou-se desta forma. Desejou Ciles iniciar-se no culto de Dioniso báquico. Mas quando estava para proceder à iniciação, sobreveio um prodígio impressionante. Ele tinha, na cidade dos Boristénidas, uma casa, enorme e sumptuosa, a que atrás me referi. A toda a volta da mansão havia esfinges e grifos em mármore branco[193]. Pois foi sobre essa casa que o deus lançou o seu raio e ela ardeu por completo. Mesmo assim, Ciles não deixou de consumar o ritual de iniciação. Ora dá-se o caso de os Citas censurarem os Gregos por se entregarem ao rito báquico, já que, segundo eles, não parece lógico aceitar-se um deus que estimule os homens ao delírio[194]. Depois que Ciles se iniciou no culto báquico, um Boristénida foi com comentários a despropósito para a Cítia. Dizia ele: 'Vocês, Citas, riem-se de nós, porque realizamos ritos báquicos e nos deixamos invadir pelo deus. Pois neste momento esse mesmo deus apoderou-se também do vosso rei; é vê-lo a realizar o rito e a delirar sob o efeito divino. Se não acreditam no que eu

---

[191] Cf. *supra* nota 49. Parece implícita alguma autoridade do rei cita sobre a cidade de Ólbia.

[192] O trajo cita compunha-se de um casaco largo, calças, botas e um barrete frígio, que opunha ao frio da região uma protecção muito mais eficaz do que uma túnica grega. De resto aqui fica implícita uma oposição entre trajos dos povos de climas mais frios ou mais quentes. Enquanto Citas, Trácios, Germanos e Celtas usam uma roupa talhada e aconchegada ao corpo e calçam botas, os Indianos, Gregos e Itálicos apenas envolvem o corpo em tecidos mais ou menos informes e usam sandálias. Além disso, há a considerar a espessura dos materiais utilizados; mais leves para os povos do sul, mas de couro ou guarnecidos de peles para os do norte.

[193] Curiosamente a arqueologia identificou, em Ólbia, uma estátua de mármore branco, em forma de esfinge ou grifo, que pode ser um vestígio deste palácio.

[194] Apesar destas censuras dirigidas contra os Gregos, a verdade é que Citas e Trácios gozavam da fama de grandes consumidores de vinho (cf. Heródoto 6. 84. 1), bebido sem mistura.

5   digo, venham comigo, que eu vou-vos mostrar'. Os responsáveis citas acompanharam-no; o tal Boristénida fê-los subir a uma torre, às escondidas, e lá os instalou. Entretanto Ciles desfilou com o tíaso; os Citas viram-no em pleno delírio báquico e ficaram profundamente penalizados. E, ao saírem da cidade, anunciaram a todo o exército o que
80.1 tinham visto. Quando, depois, Ciles voltou à sua comunidade habitual, os Citas, sob o comando de seu irmão Octamásades, nascido da filha de
2   Teres[195], revoltaram-se contra ele. Este, ao ter conhecimento do que se tramava e do motivo dessa sublevação, fugiu para a Trácia. Informado da fuga, Octamásades preparou uma campanha contra a Trácia, mas quando chegou junto do Istro, os Trácios fizeram-lhe frente. Estavam eles prestes a combater, quando Sitalques enviou uma mensagem a
3   Octamásades nestes termos: 'Que necessidade há de nos guerrearmos uns aos outros? Tu és o único filho da minha irmã, e tens em teu poder um irmão meu. Pois trata de mo entregares, que eu entrego-te o teu Ciles.
4   E escusamos, tu e eu, de correr riscos com os nossos exércitos'. Foi esta a mensagem que Sitalques lhe mandou transmitir, porque realmente havia um irmão seu que tinha ido refugiar-se na corte de Octamásades. Este concordou com a proposta; mandou de volta a Sitalques o seu tio materno
5   e recebeu em troca o irmão Ciles. Depois de lhe ter sido devolvido o irmão, Sitalques retirou-se; quanto a Ciles, Octamásades mandou-o degolar ali mesmo. É deste teor o zelo dos Citas pelos seus costumes, e estes são os castigos que aplicam àqueles que neles introduzem práticas alheias.
81.1   Quanto ao número dos Citas, não fui capaz de conseguir uma informação exacta, antes sobre a questão ouvi versões contraditórias; uns falam em números demasiado elevados, outros referem, para os Citas
2   propriamente ditos, totais demasiado baixos[196]. Mas eis o que me fizeram constatar com os meus próprios olhos. Existe, entre o rio Borístenes e a região do Hípanis, um lugar chamado Exampeu[197], a que me referi já mais acima, quando disse que lá existia uma nascente de água salgada,
3   cujo caudal torna o Hípanis não potável. Nesse lugar, está depositado um vaso de bronze, que tem à vontade seis vezes o tamanho do *cráter* que Pausânias, filho de Cleômbroto, consagrou na embocadura do

---

[195] Este Teres, avô de Octamásades, era rei da Trácia (cf. Tucídides 2. 29. 1-2) e pai de Sitalques, o soberano que reinou durante parte do séc. V a. C. (cf. Aristófanes, *Acarnenses* 141-150), um simpatizante dos Gregos.

[196] Este desfasamento em número advém das diferenças de opinião acerca do que se pode considerar 'povos citas'. Parecia mais vulgar a ideia de que se tratasse de um povo bastante numeroso (Tucídides acha-o até o mais numeroso de entre todos, 2. 97. 6).

[197] Cf. *supra* 52. 3.

Ponto[198]. Para quem nunca viu o tal *cráter*, aqui lhe deixo umas indicações. 4
O vaso que existe na Cítia comporta facilmente seiscentas ânforas e a espessura do bronze, desse mesmo vaso, é de seis dedos[199]. A gente da região afirmava que ele foi feito de pontas de seta; o rei local, de nome 5 Ariantas, no desejo de apurar o número dos Citas, mandou-os a todos trazer, cada um individualmente, uma ponta de seta. A quem a não trouxesse ameaçava de morte. Foi então trazida uma grande quantidade 6 de pontas e ele decidiu, com elas, fazer um monumento para a posteridade. E assim fez o tal vaso de bronze, que consagrou em Exampeu. Foram estes os comentários que ouvi a respeito do número dos Citas.

Esta região, a não ser os rios que possui, que são de longe os maiores 82 e os mais abundantes em número, não tem curiosidades propriamente ditas. Vou, no entanto, sintetizar o que existe, para além dos rios e da imensidão das planícies, que mereça destaque: há uma pegada de Hércules que nos mostram gravada sobre um penedo; parece um pé humano, mas mede dois côvados de comprimento. Fica junto do rio Tiras[200].

São estas as características deste espaço. Regressemos então ao assunto que eu me propunha tratar no começo.

Enquanto Dario preparava o ataque contra os Citas e enviava, a 83.1 todo o lado, mensageiros a encarregarem uns de fornecerem tropas de infantaria, outros navios, outros de construírem uma ponte sobre o Bósforo da Trácia, Artabano, filho de Histaspes, que era irmão de Dario, insistia em que o rei de modo algum empreendesse uma campanha contra os Citas, salientando a inviabilidade de tal empresa[201]. Mas como os 2 seus bons conselhos não convenciam Dario, desistiu. E este, quando tudo ficou a postos, pôs o exército em marcha a partir de Susa.

Nessa altura, um persa, Eobazo, pai de três filhos, todos eles 84.1 incluídos na expedição, pediu a Dario que lhe deixasse um. O rei

---

[198] Pausânias, um general ateniense, mais tarde o grande triunfador de Plateias (cf. Heródoto 9. 10), tinha consagrado um *cráter* à memória do sucesso que alcançara sobre os Persas, em Bizâncio, no ano de 478-477 a. C. (cf. Tucídides 1. 94).

[199] Ou seja, uma capacidade de cerca de uns vinte mil litros, e uma espessura de uns onze centímetros.

[200] Dois côvados é quase um metro, o que criou a ficção de que se tratasse de uma pegada de Hércules. Outras marcas naturais, lidas como sinais da passagem de heróis ou santos, eram comuns entre várias comunidades antigas.

[201] Artabano, no papel de desencorajar o rei de um projecto que parece demasiado arriscado, assume-se como mais um exemplo da figura do conselheiro sensato de Heródoto. Em 7. 10, Artabano retomará idêntico papel junto de Xerxes. Sobre os contornos e a vulgaridade destas personagens em *Histórias*, cf. R. Lattimore, 'The wise adviser in Herodotus', *CPh* 34, 1939, pp. 24-35.

2	respondeu-lhe que, por ele ser um amigo e razoável o pedido que fazia, lhos deixaria todos. Eobazo ficou radiante, na expectativa de libertar os filhos da campanha. O rei, porém, ordenou aos que se ocupavam desse ofício que matassem todos os filhos de Eobazo. E de facto eles foram deixados,... depois de degolados, por aquelas paragens[202].
85.1	Dario, quando, vindo de Susa, chegou à Calcedónia[203], junto ao Bósforo, onde tinha sido construída a ponte, meteu-se num barco e de lá navegou até às ilhas chamadas Ciâneas, aquelas que, ao que dizem os Gregos, outrora eram errantes. Sentou-se num promontório e ficou a
2	olhar o Ponto, que é um espectáculo digno de se ver. De entre todos os mares que existem, é realmente o mais extraordinário: de comprimento mede onze mil e cem estádios, de largura, no ponto máximo, três mil e
3	trezentos. A embocadura deste mar tem de largura quatro estádios; de comprimento, o estreito formado pela embocadura, que é o que se chama o Bósforo e onde estava construída a ponte, atinge os cento e vinte
4	estádios. O Bósforo estende-se até à Propôntide. A Propôntide, com quinhentos estádios de largura e mil e quatrocentos de comprimento, desemboca no Helesponto, com sete estádios de largura e quatrocentos de comprimento[204]. O Helesponto, por sua vez, desemboca num mar
86.1	enorme que se chama Egeu. Eis como se estabeleceram estas dimensões. Um navio geralmente percorre, nos dias longos, setenta mil orgias e, de
2	noite, sessenta mil[205]. Ora da embocadura ao Fásis (o que equivale ao

---

[202] Uma história com um sentido semelhante repete-se em 7. 38-39, tendo então por intervenientes Pítio e Xerxes.

[203] A Calcedónia, colónia de Mégara, ficava do lado asiático do estreito do Bósforo. As ilhas Ciâneas (ou seja 'Azuis') não passavam de rochedos situados no Mar Negro. Era muito antiga, ligada à aventura dos Argonautas, a ideia de que esses rochedos fossem móveis, pelo que obrigaram os companheiros de Jasão a uma difícil travessia. E a sua designação tradicional, de Simplégades, 'As que chocam', atende também à referida mobilidade. Cf. Píndaro, *Pítica* 4. 208-209; Apolónio de Rodes 2. 318. *Vide* ainda R. Graves, *The Greek Myths*, II, p. 232.

[204] São as seguintes as equivalências das medidas dadas por Heródoto: para o Ponto Euxino, ou Mar Negro, 11. 100 estádios de comprimento (= 1. 970 km) e 3. 300 de largura (= 586 km), o que representa algum exagero em relação à realidade (respectivamente 1. 115 km por 417 km). Quanto ao Bósforo, teria de comprimento 120 estádios (= 21, 3 km) e 4 de largura (= 710 m), quando a realidade é de 31 km por 550 m. Segue-se a Propôntide ou Mar da Mármara, que o historiador avalia em 1. 400 estádios de comprimento (=248, 5 km) e 500 de largura (= 89 km), face a uns 200 por 75 que são medidas mais exactas. Por fim, o Helesponto (ou Dardanelos) é definido em 400 estádios (= 71 km) de comprimento e 7 de largura (= 1. 250 m), o que não corresponde exactamente às medidas reais, 52 km por 1. 250 m. A contingência destas medidas, que são calculadas em tempos de viagem, talvez se deva à rota, mais ou menos directa, realizada pelos navios, como também à dificuldade em avaliar o período da noite e do dia.

comprimento máximo do Ponto Euxino[206]) são nove dias e oito noites de navegação; o que dá um milhão e cento e dez mil orgias, ou seja, onze mil e cem estádios[207]. Para ir de Síndica até Temiscira, que fica junto ao   3 rio Termodonte (é esse o local de largura máxima do Ponto Euxino[208]) são três dias e duas noites de navegação; o que perfaz trezentas e trinta mil orgias, ou seja, três mil e trezentos estádios[209]. Foi assim que estabeleci   4 as medidas do Ponto propriamente dito, do Bósforo e do Helesponto, que correspondem ao que indiquei. Há também um lago que vem desembocar no Ponto, pouco menor do que ele, que se chama Meótis e 'mãe do Ponto'[210].

Dario, depois de ter observado o Ponto, navegou de volta à ponte,   87.1 cujo construtor tinha sido Mândrocles de Samos[211]. Contemplou então o Bósforo e mandou colocar ali duas estelas de mármore branco, e, numa em caracteres assírios, na outra em gregos[212], mandou gravar o nome de todos os povos que tinha sob seu comando. E comandava todos os que faziam parte dos seus domínios. Esses, sem contar a armada, contabilizavam setecentos mil incluída a cavalaria. Quanto aos navios,

---

[205] Há aqui naturalmente um conflito entre a proporção do dia e da noite, porque quando os dias são mais longos, as noites serão obrigatoriamente mais curtas. As 70. 000 orgias correspondem a 700 estádios e a 124 km (1 orgia = 0, 01 estádio e 1, 775 m), as 60.000 a 600 estádios e a 106, 5 km. Claro que os ventos e as correntes transtornam as médias estabelecidas para qualquer navegação.

[206] Os extremos que, de facto, limitam o comprimento máximo do Ponto Euxino são Apolónia, do lado ocidental, e o rio Fásis, na Cólquida.

[207] Logo: 70. 000 x 9 = 630. 000 mais 60. 000 x 8 = 480. 000 dá, no total, 1. 110. 000 orgias, ou seja, 11. 100 estádios (= 1. 970 km).

[208] Síndica corresponde à península de Taman, fronteiriça à Crimeia, do outro lado do estreito de Kerch. Temiscira, que se situa a um nível geográfico correspondente ao de Síndica, fica na costa da Anatólia, junto ao rio Termodonte que corre do lado ocidental da Capadócia. Apenas não é nestes pontos que se encontra a largura máxima do Mar Negro, mas entre Ólbia, junto ao Bug, e Heracleia de Paflagónia, na Anatólia.

[209] 70. 000 x 3 = 210. 000 mais 60. 000 x 2 = 120. 000 totaliza 330. 000 orgias, ou seja, 3. 300 estádios (= 585, 75 km); esta medida está inflaccionada perante a medida real de c. 417 km.

[210] Os antigos tinham a noção da desproporção de tamanho existente entre o Mar Negro e o de Azov (lago Meótis). Escílax, *Périplo* 69, avaliava este último como metade do primeiro, e Estrabão, 2. 5. 23, como um terço. A versão grega do nome do Mar de Azov oscilava entre Μαιῆτις e Μαιῶτις. Em grego, μαῖα significa 'mãe' ou 'ama' e, por isso, Μαιῆτις interpretado como 'mãe do Ponto'. Cf. *supra* 52. 1.

[211] Já em 3. 60, Heródoto tinha louvado a capacidade técnica dos Sâmios, responsáveis por uma série de construções entre as mais notáveis no mundo grego.

[212] Era hábito do conquistador persa (cf. 2. 158), nos terrenos sob seu domínio, fazer erigir estelas com inscrições bilíngues, de forma a tornar a sua leitura acessível a quem não entendia a língua persa e a respectiva escrita cuneiforme.

2   tinham sido mobilizados seiscentos[213]. As estelas que referi foram mais tarde levadas pelos Bizantinos para a sua cidade e usadas no altar de Ártemis Ortósia[214], com excepção de uma única pedra; esta, coberta de caracteres assírios, foi posta junto do templo de Dioniso em Bizâncio. O lugar do Bósforo onde o rei Dario fez construir uma ponte, é o que eu posso conjecturar, fica a meio caminho entre Bizâncio e o santuário
88.1   situado na embocadura[215]. Tempos depois, satisfeito com a construção, Dario presenteou generosamente[216] o engenheiro, Mândrocles de Samos. Como primícias destes presentes, Mândrocles fez um quadro que representava um ponte inteira sobre o Bósforo e o rei Dario, sentado num lugar de honra, a assistir à travessia do exército. Este quadro, consagrou-o no *Heraion*, com esta inscrição:
2   'Depois de ligar por uma ponte o Bósforo rico em peixe, Mândrocles consagrou a Hera uma lembrança dessa construção. Para si próprio ganhou uma coroa, e para os Sâmios a glória, ao executar um projecto do rei Dario'[217].
89.1   Tal foi o memorando deixado pelo construtor da ponte.
    Depois de presentear Mândrocles, Dario atravessou para a Europa; aos Iónios deu ordem de navegarem para o Ponto até ao rio Istro; e quando lá chegassem, de o esperarem e construírem uma ponte sobre o rio. De facto, a armada eram os Iónios, juntamente com os Eólios e os
2   Helespontinos, quem a comandava. A força naval ultrapassou as Ciâneas e fez rota directa para o Istro, navegando rio acima dois dias a partir do

---

[213] Os números apontados para a dimensão das forças de Dario são exagerados e até convencionais; cf. o que Isócrates (*Panatenaico* 49) diz do exército de terra recrutado por Xerxes. Também Justino (2. 10. 18) e Ctésias (*FGrHist* 688 F 13) referem números semelhantes. Cf. ainda Heródoto 6. 9, 95. No entanto, em *The Cambridge Ancient History*, IV, p. 238, assinala-se a tendência, sempre abonada, do exército persa para as grandes dimensões, como uma forma de estratégia e de segurança para a sua política militar.

[214] O culto de Ártemis Ortósia deveria ter chegado a Bizâncio, colónia de Mégara, como uma importação da metrópole.

[215] Na embocadura do Bósforo, do lado asiático, havia um templo dedicado a Zeus *Ourios*, e, do lado europeu, um outro que também Estrabão refere (7. 6. 1). O ponto escolhido por Dario para a construção da ponte teria decerto a ver com a largura do Bósforo.

[216] O texto diz literalmente: 'com dez presentes de todo o tipo', o que significa genericamente a abundância e generosidade das ofertas.

[217] Muito provavelmente Heródoto terá tido oportunidade de ver, no templo de Hera em Samos, este quadro com a dedicatória, de Mândrocles. Em *The Cambridge Ancient History*, IV, p. 238, chama-se a atenção para o carácter sacro desta cena, dado que as águas que separavam os dois continentes (o Don, o Mar Negro, o Bósforo e o Helesponto) eram consideradas sagradas. Por isso a travessia é solenemente presidida pelo rei, que do trono assiste ao desfile.

mar, até ao curso superior do Istro²¹⁸. Aí, antes do ponto onde os braços do rio se separam, construíram uma ponte. Dario, por seu lado, atravessou o Bósforo pela ponte de barcos, avançou através da Trácia e chegou à nascente do rio Téaro²¹⁹, onde acampou durante três dias.

Dizem as populações vizinhas que o Téaro é um rio de excelência pelas suas propriedades medicinais, eficazes entre outras na cura da sarna nos homens e nos cavalos. As nascentes que possui, que provêm de uma mesma penedia, são trinta e oito, umas frias e outras quentes. O caminho que lhes dá acesso tem uma extensão semelhante quer se venha da cidade de Hereu, junto de Perinto, ou de Apolónia no Ponto Euxino²²⁰; dois dias de viagem em qualquer dos casos. O Téaro desagua no rio Contadesdo, o Contadesdo no Agríanes, o Agríanes no Hebro, e este no mar junto da cidade de Eno²²¹. Pois ao chegar a esse curso de água, Dario acampou. E encantado com o rio, também lá edificou uma estela com uma inscrição gravada que dizia o seguinte: 'As nascentes do Téaro, de quantos rios existem são as que fornecem a água melhor e mais bela. E até elas veio, ao comando de um exército em campanha contra os Citas, o homem melhor e mais belo de quantos homens existem, Dario, filho de Histaspes, rei dos Persas e de todo o continente'²²². Eram estes os termos da inscrição aí gravada.

---

²¹⁸ Heródoto chama 'pescoço do rio' ao seu curso superior, de caudal único, antes da divisão em diversos ramos ou 'bocas'. Esse era o ponto onde uma única ponte poderia assegurar a travessia.

²¹⁹ Dario, a caminho da Cítia ou da Grécia, dispunha de dois possíveis itinerários: um junto à costa, em que a armada daria apoio directo ao avanço das tropas de terra; outro pelo interior, repartidas as duas componentes da sua enorme força militar, de modo que exército e armada se reunissem posteriormente em ponto a determinar. Heródoto informa de que o exército teve de penetrar no interior, já que a parte costeira da Turquia europeia é de difícil acesso. Logo Dario sobe às nascentes do Téaro, pelo caminho que liga o Mar da Mármara com Apolónia, no golfo de Burgas, do lado oriental dos Balcãs. O Téaro é de identificação duvidosa, mas talvez equivalha àquele que hoje se chama Simerdere, no oriente trácio. Consumava o rei com este avanço a ocupação desse território.

²²⁰ De facto, as distâncias em causa não são bem equivalentes: entre a nascente do Téaro e Perinto, junto à Propôntide, são cerca de noventa quilómetros; um pouco menos do que o percurso até Apolónia, no Ponto Euxino.

²²¹ O Contadesdo, difícil de identificar, e o Agríanes (hoje Érgene) são dois rios do lado oriental da Trácia. Por seu lado, o Hebro (hoje chamado Maritza), que vem de uma região mais oriental e é muito extenso, verdadeiramente o maior rio da Trácia central, vai desaguar no Egeu, junto da cidade de Eno; esta situava-se num golfo com o mesmo nome, numa região não muito distante da ilha de Samotrácia.

²²² Há notícias de uma inscrição ainda aqui existente no século passado, mas entretanto desaparecida. Muito poucos apoiam a fidedignidade da transcrição que Heródoto dá deste texto, por parecer que o paralelo do rio com o rei seria uma ideia mais grega do que persa, e porque se não encontra em outras inscrições persas conservadas nenhum texto semelhante. O continente sobre o qual o rei proclama a sua autoridade é naturalmente a Ásia.

92   Vindo dessa região, Dario atingiu um outro rio chamado Artesco, que corre pelo território dos Odrisas[223]. Pois tendo chegado a esse rio fez o seguinte: indicou ao exército um determinado lugar e deu ordem para que todos os homens, ao passar, lá depositassem uma pedra, nesse tal sítio que ele tinha designado. Quando o exército executou a ordem dada, ele deixou para trás, no tal lugar, pilhas enormes de pedras e prosseguiu a sua marcha.

93   Antes de chegar ao Istro, Dario dominou primeiro os Getas[224], que se julgam imortais. Acontece que os Trácios que ocupam Salmidesso e que vivem para cima de Apolónia e da cidade de Mesâmbria, conhecidos por Escirmíadas e Nipseus, se renderam a Dario sem luta[225]. Os Getas, porém, que tomaram a decisão imponderada de resistir, foram desde logo dominados, apesar de serem, entre os Trácios, os mais valentes e os mais justos.

94.1   Eis em que sentido eles se julgam imortais: pensam que não morrem, mas que, na hora da morte, se vão juntar a Salmóxis[226], um espírito divino. Há entre eles alguns que designam essa mesma entidade por Gebeléizis.

2   De quatro em quatro anos, enviam como mensageiro a Salmóxis aquele de entre eles que tenha sido na ocasião sorteado para desempenhar essa missão, com a recomendação de que lhe comunique as necessidades de momento. Essa embaixada funciona deste modo: uns homens preparados para o efeito seguram três dardos, enquanto outros agarram o

3   representante que vai ser enviado a Salmóxis pelas mãos e pelos pés; dão-lhe balanço e atiram-no ao ar sobre as pontas dos dardos. Se ele

---

[223] Este rio Artesco é um afluente do Agríanes (Érgene), que corre pelo território dos Trácios chamados Odrisas (cf. Tucídides 2. 96); este povo, que se situa no curso médio do Hebro, tinha no mito uma relação com Orfeu, que algum dia aí teria reinado. Era considerado o grupo étnico mais forte da Trácia central. Com a conquista desta posição, Dario passava a controlar a principal rota comercial entre o Egeu e a Trácia central.

[224] Os Getas eram um povo fixado entre os Balcãs e o Danúbio. Em 5. 3, Heródoto refere-se-lhes novamente, como também Tucídides 2. 96, e a ideia que subjaz a ambas as referências é que este grupo se distinguia dos restantes Trácios. Mais tarde, vieram a avançar para sul e a misturar-se com os Dácios. Há quem explicite a noção de uma certa diversidade tribal entre os Getas: *vide The Cambridge Ancient History*, III. 2, pp. 597-599.

[225] Salmidesso designa uma região costeira do Mar Negro, do lado da Turquia europeia, como também as cidades de Apolónia e de Mesâmbria se situam na costa do mesmo mar. Apolónia era colónia de Mileto e com data que remonta ao séc. VII a. C.; Mesâmbria, fundação posterior, estava ligada a Mégara. Nenhuma destas cidades do lado oriental da Trácia tinha uma grande importância, a não ser como portos de recurso a caminho da Cítia.

[226] Salmóxis aparece num estatuto intermédio entre homens e deuses, é portanto um herói. É de notar o uso de $\delta\alpha\acute{\iota}\mu\omega\nu$ na referência que lhe é feita e não de $\theta\varepsilon\acute{o}\varsigma$.

morrer trespassado, concluem que o deus lhes é propício; se não morrer, culpam-no a ele, ao mensageiro, sob a acusação de que não presta. E depois de incriminarem esse, mandam lá outro. As instruções são-lhe dadas enquanto ainda está vivo. Esses mesmos Trácios, quando há trovões e relâmpagos, atiram setas para cima, para o céu, e ameaçam o deus[227]. Não aceitam a existência de nenhuma outra divindade a não ser a sua.

    Pelo que ouvi dizer aos Gregos que habitam o Helesponto e o Ponto, esse tal Salmóxis é um sujeito que foi escravo em Samos, ao serviço de Pitágoras, filho de Mnesarco[228]. Mais tarde, quando se tornou livre, amealhou uma enorme fortuna; e foi depois de a ter amealhado que regressou à sua terra. Como os Trácios levavam uma vida miserável e eram um tanto simplórios, esse Salmóxis – que conhecia o padrão de vida e os costumes da Iónia, muito mais refinados do que era comum na Trácia, por ter convivido com Gregos e, de entre os Gregos, com Pitágoras, um homem a quem, em saber, ninguém levava a melhor – mandou preparar uma grande sala, onde recebia os cidadãos mais distintos. Durante os jantares que lhes oferecia, metia-lhes na cabeça a ideia de que nem ele, nem os convivas, nem, por sua vez, os seus descendentes haveriam de morrer nunca, mas que seriam levados para um lugar onde viveriam para sempre rodeados de uma felicidade completa. E, ao mesmo tempo que actuava da forma que referi e vendia estas teorias, mandou edificar uma dependência subterrânea. Quando essas instalações ficaram prontas, sumiu-se da vista dos Trácios; desceu à dependência subterrânea e lá passou três anos. Eles lamentavam-no e choravam-no como se tivesse morrido. No quarto ano, ele apareceu aos Trácios e assim se lhes tornou crível o que Salmóxis afirmava. Foi desta forma que se diz que ele procedeu. No que me diz respeito, acerca deste episódio e das instalações subterrâneas, nem acredito nem deixo de acreditar. Mas estou convencido de que Salmóxis precedeu em muitos anos Pitágoras. Se Salmóxis foi um ser humano ou um deus nacional dos Getas, mais vale deixar a questão de lado. O certo é que os Getas,

---

    [227] Outros comportamentos semelhantes são referidos por Heródoto em 1. 172. 2, 4. 173, 184. 2.

    [228] Eram vulgares na Grécia escravos getas, que exactamente davam pelo nome de Geta, como a comédia largamente testemunha. Por sua vez Pitágoras (séc. VI a. C.), oriundo de Samos, abandonou a sua ilha – reinava então o tirano Polícrates – e foi refugiar-se na Magna Grécia, primeiro em Crotona e mais tarde em Metaponto. Alguns dos conceitos que lhe eram atribuídos – a imortalidade da alma e a sua transmigração – fizeram dele, desde cedo, uma figura quase mítica. Sobre a sua eventual relação com Apolo Hiperbóreo, *vide supra* 36. 1. Por outro lado, eram famosos os seus conhecimentos de matemática e de música. Cf. *supra* nota 43.

	que são um povo deste estilo, quando se viram dominados pelos Persas, juntaram-se ao resto do exército.
97.1	Entretanto Dario, e com ele a infantaria, tinham chegado ao Istro, e, depois de todos o terem atravessado, o rei deu ordem aos Iónios para derrubarem a ponte de barcos e o acompanharem por terra, bem como
2	todas as forças navais[229]. No momento em que os Iónios se preparavam para a derrubar e obedecer às ordens, Coes[230], filho de Erxandro, que comandava as tropas de Mitilene, falou a Dario nestes termos (depois de se ter informado primeiro se o rei aceitaria bem ouvir o parecer de quem
3	lhe quisesse dar uma sugestão): 'Senhor, uma vez que vais marchar contra uma terra que não parece cultivada e onde, ao que tudo indica, não há cidades edificadas, deixa ficar a ponte no seu lugar e encarrega de a
4	guardarem aqueles que a construíram. Nós, se, de acordo com o projecto que fizemos, conseguirmos encontrar os Citas, temos aberto um caminho de regresso; mas se, pelo contrário, os não conseguirmos encontrar, ao menos temos o regresso assegurado. Não é que eu receie que sejamos inferiores aos Citas no campo de batalha, mas sobretudo temo que, se os não conseguirmos encontrar, passemos um mau bocado a correr de um
5	lado para o outro. Talvez se diga que eu tomo esta posição no meu próprio interesse, para permanecer aqui. Mas ao expor-te a solução que me parece melhor para ti, meu senhor, estou pronto a alinhar, tenho todo o empenho
6	em seguir-te e por nada me deixaria ficar para trás'. Profundamente agradado com este parecer, Dario deu-lhe a seguinte resposta: 'Amigo de Lesbos, quando eu, são e salvo, estiver de volta ao meu palácio, não deixes de vir à minha presença para que, em troca do bom conselho que
98.1	me dás, te retribua com benfeitorias'. Dito isto, deu sessenta nós numa corda, convocou para uma assembleia os chefes iónios e disse-lhes:
2	'Iónios, o meu plano anterior em relação à ponte fica sem efeito. Peguem nesta corda e façam o seguinte: mal me vejam iniciar a marcha contra os Citas, a partir desse momento desatem um nó todos os dias. Se durante esse tempo eu não regressar, e entretanto se escoarem os dias
3	correspondentes aos nós, naveguem de volta à vossa terra. Até lá – é esta a minha nova decisão – fiquem de guarda à ponte dos barcos, façam

---

[229] O plano executado por Dario aparece muito confuso no relato de Heródoto. Em primeiro lugar é obscura a ordem do rei de mandar destruir a ponte sobre o Danúbio, o que significará que não pretendia voltar a usá-la no regresso, que seria feito por outro itinerário. Mas é também estranha a dispensa da armada, que poderia ser um poderoso auxiliar para o avanço terrestre.

[230] Cf. Heródoto 5. 37. 1, onde Coes aparece investido nas funções de tirano, talvez em retribuição de serviços prestados na campanha que agora se narra.

todas as diligências para a preservarem e vigiarem. Se o fizerem, estarão a prestar-me um grande serviço'. Depois de assim falar, Dario prosseguiu a sua marcha.

A Trácia é o território que, a partir da Cítia, se estende para o mar. Na região onde se define um golfo, segue-se-lhe a Cítia e aí desemboca o Istro, cujo curso inferior se encaminha para sudeste[231]. Para determinar as medidas da Cítia, vou enumerar as regiões que se situam a partir do Istro ao longo do mar. A partir do Istro começa a Cítia litoral[232] propriamente dita, que se prolonga para sul em direcção ao Noto, até uma cidade chamada Carcinítide. A partir dessa zona urbana e confinando com o mesmo mar, fica uma faixa montanhosa que se estende pelo Ponto, habitada pelo povo dos Tauros; esta vai até ao Quersoneso dito Traqueu, que chega ao mar do lado oriental[233]. De facto, a Cítia é, tal como a Ática, limitada por mar em dois dos seus lados, mar a ocidente e mar a oriente. Como também a implantação dos Tauros que habitam a Cítia encontraria paralelo na Ática, se outro povo que não os Atenienses habitasse o cabo Súnio, que se projecta acentuadamente sobre o mar desde Tórico até ao *demos* de Anaflisto[234]. Esta forma de me exprimir

99.1

2

3

4

5

---

[231] Heródoto leva-nos agora até à Trácia, a caminho do lado ocidental do Mar Negro. O Istro funciona como uma fronteira entre Trácia e Cítia e o 'golfo' a que o texto alude é a curva a noroeste desse mar, onde o Danúbio desagua. Nas palavras de Heródoto, que deixam agora a desejar em termos de precisão, parece contida a ideia errónea de que o Danúbio corra de norte para sul e termine com uma ligeira inflexão sudeste. Como, segundo o historiador, a Cítia teria um formato quadrangular, o Istro funciona como um dos lados dessa figura. Simplesmente, na verdade, o curso do Danúbio segue uma direcção ocidente/ oriente, e portanto ou Heródoto estaria a imaginar uma situação com base num modelo do Nilo, ou a confundir o Danúbio com outro rio, o Prut, que de facto tem esta orientação.

[232] O que o manuscrito efectivamente regista é a versão ἀρχαία, 'a Cítia antiga', que, à falta de melhor interpretação, alguns comentadores emendaram para ἀκταίη 'litoral' (*vide* Legrand, p. 108). No entanto, veja-se a interpretação dada em *The Cambridge Ancient History*, III. 2, pp. 561 sq. sobre o que se poderá chamar 'Cítia antiga'. Sobre a cidade de Carcinítide, *vide supra* 55 e nota 156.

[233] Heródoto está a descrever a Crimeia e, pelas comparações que faz com elementos da geografia grega, dá a ideia de um território triangular, que se liga ao continente por uma larga base. Logo Heródoto desconhece o estrangulamento que a separa do continente, hoje designado por Istmo de Perekop. A Táuride seria a região do lado sudeste do quadrilátero cita, o que corresponderia em traços gerais à Crimeia do sul, seguindo a linha de costa desde Carcinítide até Teodósia e ao Istmo de Kerch. No extremo desta linha, do lado oriental, fica ainda o Mar Negro, que se prolonga até ao estreito de Kerch ou Bósforo Cimério.

[234] Para melhor fazer um público ateniense aperceber-se do formato da Crimeia, Heródoto estabelece uma comparação com a Ática. E as semelhanças que salienta são a forma triangular dos dois territórios, presos pela base ao continente e cercados de mar dos

faz sentido na medida em que espaços pequenos se possam comparar com outros grandes. É esta a configuração da Táuride. Para quem nunca fez este circuito da costa da Ática, vou explicar a coisa de outra maneira. Seria como se, na Iapígia, outro povo que não os Iapígios habitasse, inteiramente à parte, a região que se projecta a partir de Brundísio até Tarento[235]. E o que digo sobre estes dois promontórios é válido para muitos outros casos idênticos com que a Táuride se parece. A partir da Táuride habitam os Citas, quer a norte dos Tauros, quer na costa do mar oriental; ou seja, a ocidente do Bósforo Cimério e do lago Meótis, até ao rio Tánais que desagua no extremo deste lago[236]. Do Istro para norte, penetrando no continente, a Cítia é limitada primeiro pelos Agatirsos, depois pelos Neuros, a seguir pelos Andrófagos e finalmente pelos Melanclenos[237]. Assim, partindo do princípio de que a Cítia é um quadrado, com dois dos seus lados confinando com o mar, as medidas são as mesmas em todos os sentidos, quer se tome a direcção do continente, quer se siga ao longo da costa. De facto, do Istro até ao Borístenes são dez dias de viagem, do Borístenes até ao lago Meótis outros dez. Desde o mar, penetrando no interior até aos Melanclenos, que habitam a norte do território dos Citas, são vinte dias de viagem. Estou a partir de uma marcha diária equivalente a duzentos estádios[238]. Assim a Cítia poderá ter, no sentido transversal, quatro mil estádios; e outro tanto no sentido que atravessa perpendicularmente a região. É esta a amplitude do território em causa.

Os Citas, quando se deram conta de que, sozinhos, não seriam capazes de resistir ao exército de Dario em batalha campal, mandaram mensageiros aos povos da vizinhança. Entretanto já os respectivos monarcas se tinham reunido e deliberavam sobre o possível ataque de um tão grande exército. Os participantes nessa assembleia foram os soberanos dos Tauros, Agatirsos, Neuros, Andrófagos, Melanclenos, Gelonos, Budinos e Saurómatas.

---

dois lados, o Negro no caso da Crimeia, o Egeu no da Ática. Ambas terminam numa ponta mais avançada sobre o mar, a Táuride no primeiro caso, o Súnio no exemplo grego. Este é delimitado entre o *demos* de Tórico do lado oriental e o de Anaflisto no ocidental.

[235] Este segundo exemplo destina-se a um público da Magna Grécia. Passamos agora para o sul da Itália e avaliamos a ponta que a remata entre Brindisi, a oriente, e Tarento a ocidente. Essa região, designada por Iapígia, era habitada por um povo ilírio.

[236] A norte dos Tauros habitavam os Citas reais, cf. *supra* 20, e ainda notas 60 e 63.

[237] Estes são os povos que limitam o norte da Cítia, numa sequência que vai de ocidente para oriente.

[238] Cerca de 35, 5 km.

De entre esses povos, os Tauros respeitam as práticas seguintes. **103.**1 Sacrificam à deusa virgem os náufragos e os Gregos que capturam nas suas actividades marítimas por este processo[239]: depois de consagrarem a vítima, batem-lhe na cabeça com um maço. Segundo alguns, o corpo 2 lançam-no do promontório cá para baixo (é que o templo está edificado sobre um promontório), e a cabeça espetam-na num madeiro; outros confirmam a versão anterior quanto à cabeça, todavia quanto ao corpo asseguram que eles o não lançam do promontório, mas que o enterram. Esta deusa a quem sacrificam dizem os próprios Tauros que é Ifigénia, a filha de Agamémnon. Quanto aos inimigos que capturam, é este o 3 tratamento que lhes dão: cortam-lhes a cabeça e levam-na para casa; espetam-na num pau enorme e asteiam-na bem alto por cima da habitação, sobretudo por cima da chaminé. Dizem que eles, lá das alturas, vigiam a casa inteira. Vivem da pirataria e da guerra.

Os Agatirsos[240] são um tipo de gente particularmente sofisticada, **104** muito dados ao gosto pelas jóias. Praticam a comunidade de mulheres, para que se estabeleçam, entre uns e outros, laços de parentesco; e assim, constituindo todos uma família, acaba-se com invejas e rivalidades mútuas. Quanto aos restantes costumes, assemelham-se aos Trácios.

Os Neuros[241] partilham dos hábitos citas. Apenas uma geração antes **105.**1 da campanha de Dario, aconteceu-lhes terem de abandonar toda a região por causa de uma invasão de serpentes. De facto, da terra apareciam-lhes serpentes sem conta, e maior número ainda irrompeu dos desertos mais a norte, até que, profundamente incomodados com a situação, abandonaram a sua própria terra e foram estabelecer-se entre os Budinos. Dá-se o caso de estes indivíduos serem feiticeiros. Afirmam os Citas e 2 os Gregos que habitam a Cítia que, uma vez por ano, cada um dos Neuros se transforma em lobo[242] por alguns dias, para depois retomar a forma

---

[239] A deusa virgem é Ártemis. Eram conhecidos como piratas e por um comportamento selvagem, que praticavam para com prisioneiros e náufragos. É bem conhecida a tradição que liga este povo com a figura de Ifigénia, a filha de Agamémnon, a que Eurípides dedicou uma das suas tragédias romanescas. Ifigénia que, em *Ifigénia entre os Tauros*, aparecia como sacerdotisa de Ártemis, confunde-se, na versão de Heródoto, com a própria deusa. A Táuride situava-se na Crimeia, numa região que se repartia entre montanha e estepe.

[240] Dos Agatirsos, Heródoto salienta duas características do tipo de selvagem muito repetido em *Histórias*: a utilização sem restrições do ouro, que possuem com abundância, e a promiscuidade sexual. O ouro, extraíam-no dos montes da Transilvânia, que habitavam, e que poderia ser um dos atractivos a motivar Dario para esta campanha. Talvez se tratasse de uma tribo trácia.

[241] Cf. *supra* 17. 2 sobre os Neuros, e 21 sobre os Budinos.

[242] A licantropia aqui referida pode aludir a um ritual em que, à custa de peles, os celebrantes revestiam a forma de lobo.

	primitiva. A mim, esta história que eles contam não me convence; mas nem por isso deixam de insistir nela, assumindo até compromisso de honra pelo que estão a dizer.
106	Os Andrófagos[243] são, de entre todos os povos, o que tem hábitos mais selvagens. Não respeitam a justiça, nem fazem uso de qualquer tipo de lei. São nómadas, usam um vestuário semelhante ao dos Citas, têm uma língua própria e são os únicos, de entre estas comunidades, que comem carne humana.
107	Os Melanclenos[244], todos eles, usam roupas negras, e é daí que lhes vem o nome. Quanto aos costumes, praticam os dos Citas.
108.1	Os Budinos[245] são um povo forte e numeroso, todos de olhos muito azuis e pele avermelhada. No seu território fica uma cidade edificada em madeira, que se chama Gelono[246]. A muralha circundante tem, de cada lado, uma extensão de trinta estádios; é um muro alto, inteiramente
2	de madeira, e as próprias casas e templos são também de madeira. É que, nesta cidade, há santuários de deuses gregos, que, à maneira grega, albergam imagens, altares e templos em madeira. De dois em dois anos festejam Dioniso e praticam ritos báquicos. Os Gelonos têm ascendentes gregos, que emigraram dos portos comerciais e foram instalar-se entre
109.1	os Budinos. A língua que falam é um misto de cita e grego. Os Budinos não têm a mesma língua que os Gelonos, nem o mesmo estilo de vida. É que os Budinos, um povo autóctone, são nómadas e os únicos desta região que comem pinhões[247]. Os Gelonos, por sua vez, são trabalhadores rurais, alimentam-se de pão e possuem jardins; de aspecto físico e de cor são totalmente diferentes. Os Gregos, no entanto, designam os Budinos
2	como Gelonos também, o que não é uma designação correcta. A região

---

[243] Porque falam outra língua, os Andrófagos não devem pertencer ao grupo cita; pensa-se que talvez fossem finlandeses que deveriam, em função do próprio nome, praticar o canibalismo (cf. Aristóteles, *Ética a Nicómaco* 1148b). Cf. *supra* 18.

[244] Cf. *supra* 20.

[245] Sobre os Budinos, *vide supra* 21. O tom avermelhado ou se aplica ao cabelo (cf. Tácito, *Germânia* 4), ou à pele (Hipócrates, *Ares* 20).

[246] A arqueologia tem revelado a existência frequente de fortalezas construídas em madeira, que ocupam uma rota comercial que conduzia à Ásia Central. Tem sido, no entanto, impossível identificar esta cidade concreta, Gelono; pelo facto de o povo com este nome ser de origem grega, parece difícil situar uma comunidade grega permanente a esta latitude. A medida dada por Heródoto para o perímetro da cidade de Gelono, cerca de 5, 3 km, talvez seja exagerada.

[247] Esta palavra pode também significar 'consumidores de piolhos, que comem piolhos', hipótese algo estranha, mas, todavia, confirmada por *infra* 168, como também por Plínio, *História natural* 6. 14. Esta dieta seria sinal de um enorme primitivismo.

que habitam é totalmente coberta de florestas de toda a espécie. Na mata mais ampla, situa-se um lago extenso e profundo, cercado de pântanos e canaviais. Nesse lago apanham-se lontras, castores e outros animais de focinho quadrado, cujas peles são cosidas nos remates dos casacos e os testículos usados pelos habitantes para curar doenças do útero[248].

110.1 A respeito dos Saurómatas diz-se o seguinte: quando os Gregos combateram as Amazonas[249] (os Citas chamam às Amazonas *Eórpata*, palavra que, em grego, significa 'assassinas de homens': *eor* quer dizer 'homem' e *pata* 'matar'), ou seja, portanto, quando os Gregos saíram vitoriosos da batalha de Termodonte, fizeram-se ao mar levando, em três embarcações, quantas Amazonas tinham conseguido capturar com vida. Mas elas, em pleno mar, atiraram-se aos homens e massacraram- **2** -nos. Simplesmente, de navegação, não sabiam nada, nem como se usam os lemes, nem as velas, nem os remos. Assim, quando massacraram os homens, ficaram à mercê de vagas e ventos. Chegaram então ao lago Meótis, a Cremnos[250], que se situa no território dos Citas livres. Aí, depois de desembarcarem dos navios, as Amazonas puseram-se em marcha para a zona habitada. A primeira manada de cavalos que encontraram apoderaram-se dela e, montadas nos animais, começaram a pilhar os bens dos Citas. Estes não conseguiam entender a situação, porque não **111**.1 conheciam nem a língua, nem o trajo, nem a raça daquele povo; interrogavam-se com surpresa de onde é que viria. Tomavam-nas por

---

[248] É ainda hoje vulgar nos rios da região, o Dniepre, o Don e o Volga, haver espécies do tipo da lontra, do castor e da foca. Decerto as peles seriam um produto capaz de activar um intenso comércio local.

[249] Sobre os Saurómatas, *vide supra* 21. As Amazonas pertencem à época mítica, onde sobressaem como mulheres masculinizadas, dadas as actividades guerreiras, que inclusivamente se privavam de um seio para poderem disparar o arco com maior agilidade. Habitavam uma região da Capadócia, junto ao vale do rio Termodonte, onde teria tido lugar o famoso reencontro com os Gregos. Desse grupo de heróis vencedores fazia parte Hércules; o silêncio que Heródoto mantém em relação ao autor deste nono trabalho resulta do facto de as Amazonas terem, depois, chacinado os seus captores, destino que de modo algum caberia ao maior dos heróis másculos da Grécia. Esta história da fusão das Amazonas com os Saurómatas explica o papel diverso que cabia à mulher nesta comunidade, realmente governada pela vontade feminina. Pelo contrário, a mulher cita, ainda que activa na realização de tarefas da sua competência, vivia oculta em carros e totalmente submissa à vontade do homem.

Sobre a etimologia pela qual Heródoto explica a versão cita do nome das Amazonas, embora a discordância seja mais ou menos unânime, são também divergentes as interpretações aventadas. Se o sentido de *eor* parece ser de facto 'homem', o de *pata* será talvez de 'dono' ou 'senhor'; logo o sentido global da palavra seria 'dominadoras de homens'.

[250] Cf. *supra* 20 e notas 60 e 62.

2 homens todos da mesma idade e travaram com elas um combate. Quando, depois da batalha, se apoderaram dos cadáveres, os Citas só então verificaram que se tratava de mulheres. Ponderaram a questão e decidiram, por toda a forma, não as matar; antes enviaram ao encontro delas os mais jovens da comunidade, num número que lhes pareceu corresponder ao das mulheres. Esses jovens deveriam acampar junto delas e fazer o que elas fizessem. Se os perseguissem, deveriam fugir sem combate; e quando desistissem, voltar de novo a estabelecer-se junto delas. Esta foi a decisão tomada pelos Citas com o objectivo de terem

112 filhos delas. Enviados nessa missão, os jovens procederam como estava estabelecido. Quando as Amazonas constataram que eles tinham vindo sem nenhuma intenção hostil, deixaram-nos sossegados. Todos os dias cada acampamento se ia aproximando mais do outro. Nem os jovens, nem as Amazonas, tinham nada mais do que as armas e os cavalos, e a

113.1 vida que eles levavam era, como a delas, caçar e pilhar. Por volta do meio dia, as Amazonas faziam o seguinte: dispersavam-se, uma a uma ou duas a duas, e mantinham-se afastadas umas das outras para fazerem as suas necessidades. Ao constatarem esse hábito, os Citas passaram a fazer a mesma coisa. Um deles abordou uma delas, nesse momento em que estava isolada e a Amazona não o repudiou, antes lhe permitiu gozar

2 da sua pessoa. E como não podia falar-lhe (porque não se entendiam um com o outro), ela fez-lhe perceber por gestos que voltasse no dia seguinte ao mesmo sítio e trouxesse outro camarada com ele, dando-lhe a entender

3 que eles seriam dois e que ela também traria uma companheira. O jovem, de volta ao acampamento, contou aos outros o que se tinha passado. No dia seguinte voltou ao mesmo lugar, acompanhado de um colega, e encontrou a Amazona que o esperava com uma companheira. Todos os outros jovens, quando souberam do ocorrido, abordaram também as

114.1 outras Amazonas. Depois fundiram os acampamentos e passaram a viver juntos, tendo cada um por mulher aquela com quem antes tinha tido relações.

    A língua das mulheres, os homens não conseguiam aprendê-la, mas
2 as mulheres, pelo contrário, perceberam a dos maridos. Quando passaram a entender-se uns com os outros, os maridos disseram às Amazonas o seguinte: 'Nós temos parentes, e propriedades também não nos faltam. Por isso, a partir de agora, não levemos por mais tempo uma vida assim; tratemos de voltar ao nosso povo para permanecermos com ele; e as
3 nossas mulheres serão vocês, e nenhumas outras'. Mas elas a esta proposta responderam: 'Nós não seríamos capazes de conviver com as mulheres do vosso povo, porque não temos os mesmos costumes que elas. Nós manejamos o arco, lançamos o dardo, montamos a cavalo, mas não

90

aprendemos as tarefas femininas. As mulheres do vosso povo não fazem nada disto que enumerámos, antes se ocupam de trabalhos femininos sem saírem dos carros, nem para irem à caça nem a qualquer outro pretexto. Portanto, não seria possível nós chegarmos a um entendimento com elas. Mas se vocês quiserem manter-nos por mulheres e assumirem uma atitude realmente sensata, devem ir ao encontro das vossas famílias, tomar posse da parte que vos cabe dos bens e depois regressar, para vivermos a nossa vida à parte'. Os jovens concordaram e puseram a proposta em prática. Quando, depois de receberem os bens que lhes cabiam, regressaram às Amazonas, as mulheres disseram-lhes: 'Faz-nos medo e deixa-nos preocupadas a ideia de termos de viver nesta região, depois de vos termos separado dos vossos pais e de termos causado muitos danos à vossa terra. Mas dado que vocês acham bem manter-nos por mulheres, acompanhem-nos nesta decisão: vamos, partamos desta terra, atravessemos o rio Tánais e passemos a morar do outro lado'. Os jovens acederam também a esta reivindicação. Depois de atravessarem o Tánais, fizeram caminho em direcção a nascente durante três dias a partir do rio; e outros três desde o lago Meótis no sentido norte. Chegados a essa região em que agora vivem, fixaram lá residência. A partir de então as mulheres dos Saurómatas mantêm o seu antigo padrão de vida: vão à caça a cavalo, com os maridos ou sem eles; tomam parte na guerra; e usam vestuário semelhante ao dos homens. Os Saurómatas falam a língua cita que, por tradição, utilizam de forma incorrecta, já que as Amazonas a não aprenderam a falar bem. Em matéria de casamento, a regra que praticam é: nenhuma moça se casa antes de ter matado um inimigo; há mesmo algumas que acabam por morrer já velhas sem se terem casado, por não conseguirem satisfazer esse requisito[251].

Os embaixadores dos Citas, portanto, compareceram diante dos soberanos dos povos de quem acabámos de falar e expuseram-lhes, em pormenor, como é que o Persa, depois de ter dominado por inteiro o outro continente, tinha construído uma ponte sobre o pescoço do Bósforo e tinha atravessado para o lado de cá. E como depois de a ter passado e submetido os Trácios, se preparava para lançar uma ponte sobre o rio Istro, na intenção de dominar também toda esta região ao seu poder. 'Vocês, em caso algum, se deixem ficar inactivos à margem do conflito, indiferentes à nossa destruição. Bem pelo contrário, unidos por um objectivo comum, enfrentemos o invasor. Não é assim que vão proceder? Então nós, pressionados pelas circunstâncias, ou abandonamos a nossa

---

[251] Cf. Hipócrates, *Ares* 17.

91

3   terra ou, se ficarmos, negociamos um acordo. De facto, que saída nos resta se vocês não quiserem vir em nosso socorro? Mas nem por isso a vossa sorte há-de ser mais confortável. O Persa de modo algum vem com mais empenho contra nós do que contra vós, nem se satisfará em
4   nos dominar e em poupar-vos a vocês. E do que afirmamos vamos dar--vos uma prova cabal. Se fosse só a nós que o Persa viesse atacar, como vingança da submissão que antes lhe foi imposta, deveria respeitar todos os outros povos e atacar-nos só a nós. Assim mostraria a todos que era
5   contra os Citas que avançava, e contra mais ninguém. Porém o que se passa é que, desde o momento em que atravessou para este continente, vem subjugando todos aqueles que encontra pela frente. Tem já sob seu domínio os outros Trácios, entre os quais os que são nossos vizinhos
119.1 mais próximos, os Getas'. Perante esta solicitação dos Citas, os soberanos dos povos ali presentes deliberaram. As opiniões dividiram-se. O Gelono, o Budino e o Saurómata[252], de comum acordo, comprometeram-se a socorrer os Citas; o Agatirso, o Neuro, o Andrófago, bem como os reis
2   dos Melanclenos e dos Tauros, deram-lhes esta resposta: 'Se não tivessem sido vocês a iniciar um processo de agressão contra os Persas e a tomar a iniciativa da guerra, perante esses pedidos que nos fazem, nós entenderíamos que a razão vos assistia; e então havíamos de ouvir-vos e
3   de nos pormos do vosso lado. Mas a verdade é que foram vocês quem invadiu a terra deles e quem subjugou os Persas, sem nós termos sido ouvidos nem achados, durante todo o tempo que a divindade o permitiu.
4   Agora eles, incitados contra vós pelo mesmo deus, dão-vos a paga. Nós, porém, nem cometemos qualquer infracção contra esses homens no passado, nem neste momento tomaremos a iniciativa de os ofender. Se todavia eles atacarem também a nossa terra e enveredarem pela agressão, nesse caso não deixaremos de lhes fazer frente. Mas até ao momento em que tal situação se verifique, vamos aguardar no nosso território. Porque temos a ideia de que não é contra nós que os Persas avançam, mas contra os culpados de uma agressão anterior'.
120.1   Quando os Citas tomaram conhecimento desta decisão, entenderam não travar um combate directo e frontal, dado que todos esses povos se não juntavam a eles como aliados; preferiram dispersar e bater em retirada, divididos em dois grupos, obstruindo os poços e fontes que encontrassem pelo caminho e arrasando a vegetação que brotasse do
2   solo. A um desses contingentes em que se dividiram, cujo soberano era Escópasis, deveriam juntar-se os Saurómatas; esses, se o Persa se voltasse contra eles, haviam de retirar-se em fuga na direcção do rio Tánais, ao

---

[252] Ou seja, os representantes dos povos situados a leste do Don.

longo do lago Meótis. Se os Persas batessem em retirada, eles atacavam-nos e perseguiam-nos. A este contingente, que representava uma parte dos efectivos do reino, o procedimento que lhe estava prescrito era o que acabo de mencionar. Quanto às outras duas falanges[253], a maior comandava-a Idantirso e a terceira Táxacis; unidos numa só força militar, a que se juntaram os Gelonos e os Budinos, deviam também fugir, mantendo a distância de um dia de marcha em relação aos Persas; na retirada, deviam respeitar o seguinte plano: em primeiro lugar, fugirem direitos ao território dos que se tinham esquivado a fazer com eles aliança, para os forçarem a tomar também parte na guerra (se não tinham aderido de livre vontade à resistência contra os Persas, haveriam, mesmo contra vontade, de ver-se envolvidos no combate). A seguir, voltariam para a sua própria região e passariam ao ataque se, depois de ponderarem a questão, lhes parecesse oportuno. Tomadas estas medidas, os Citas marcharam ao encontro do exército de Dario, fazendo avançar à frente a elite da sua cavalaria. Quanto aos carros em que viviam os seus filhos e mulheres, bem como tudo quanto era cabeça de gado, salvo uma certa quantidade necessária à sua manutenção que deixaram ficar, tudo o mais foi posto à distância e mantido afastado; deram então ordem de marcha sempre na direcção norte.

Procedeu-se então a estas transferências e entretanto a guarda avançada dos Citas encontrou os Persas a uma distância de três dias de marcha do Istro. Quando se deparou com os inimigos, montou o acampamento depois de lhes ter ganho um avanço de um dia de caminho e foi arrasando o que brotava da terra. Os Persas, quando viram aparecer a cavalaria cita, avançaram atrás dela e seguiram-lhe no encalço com persistência. Depois (uma vez que era contra o contingente único que se dirigiam), os Persas perseguiram-nos na direcção nascente, direitos ao Tánais. Quando os Citas atravessaram o rio Tánais, os Persas passaram-no atrás deles e continuaram a perseguição, até que, depois de cruzarem o território saurómata de ponta a ponta, chegaram ao dos Budinos. Durante todo o tempo em que os Persas percorreram o terreno dos Citas e dos Saurómatas, não tiveram o que pilhar, uma vez que a terra não estava cultivada[254]. Mais adiante, quando avançaram para território dos Budinos,

---

[253] Sobre a tradicional tripartição dos Citas, *vide supra* 7. 2.

[254] Certos comentadores não deixam de assinalar pequenas incongruências implícitas no relato do avanço persa. Em primeiro lugar, fala-se do território cita como totalmente inculto, quando desse percurso constavam os terrenos dos Citas lavradores e agricultores (cf. *supra* 17-18). Por outro lado, Heródoto passa em claro a menção dos rios que teria sido necessário atravessar nesta marcha para leste (cf. *supra* 51-56).

        aí depararam-se com a muralha de madeira[255] que eles tinham abandonado
2   e que estava desprovida de tudo; então lançaram-lhe o fogo. Feito isto, continuaram em frente no encalço do inimigo, até que, depois de atravessarem toda a região, chegaram ao deserto. Esta zona desértica, que não é habitada por ninguém, fica acima do território dos Budinos,
3   tendo uma extensão correspondente a sete dias de marcha. Mais a norte desse deserto vivem os Tisságetas, de cuja região provêm quatro grandes rios, que correm através da terra dos Meotas, até ao lago chamado Meótis;
124.1   dão pelos nomes seguintes: Lico, Óaro, Tánais e Sírgis[256]. Quando Dario atingiu esse deserto, interrompeu a marcha e aquartelou o exército junto do rio Óaro. Feito isto, iniciou a construção de oito grandes fortalezas, a igual distância umas das outras – cerca de sessenta estádios –, de que
2   ainda no meu tempo existiam vestígios[257]. Enquanto se ocupava desta tarefa, os Citas que ele perseguia deram a volta pela parte superior do território e voltaram de regresso à Cítia. Como eles tinham desaparecido sem deixar rasto e se tinham sumido de vista, Dario abandonou as fortalezas apenas semiconstruídas, ele próprio deu a volta e tomou a direcção ocidente, convencido de que aqueles Citas eram a totalidade e que tinham fugido para poente.

125.1   Quando, conduzindo o exército a toda a pressa, chegou à Cítia, deparou-se com os dois contingentes de Citas reunidos; ao dar com o inimigo, iniciou uma perseguição, mantendo eles na fuga uma distância
2   de um dia. E como Dario não abrandava a marcha, os Citas, de acordo com o que tinha sido estabelecido, escaparam-se para o território daqueles que se tinham recusado a fazer com eles aliança, em primeiro lugar para
3   a região dos Melanclenos. Depois de Citas e Persas os invadirem e espalharem entre eles o caos, os Citas prosseguiram a marcha para o terreno dos Andrófagos; e, depois de terem espalhado o caos entre estes também, avançaram para os Neuros; por fim, depois de os terem

---

[255] Ou seja, a cidade de Gelono: *vide supra* 108. 1.

[256] Sobre os Tisságetas, *vide supra* 22. 1; por seu lado os Meotas possivelmente habitariam o curso baixo do Tánais, o Don (cf. *supra* 57). O Sírgis aparece na versão Hírgis no mesmo cap. 57, onde é referido como um afluente do Don. Mais difícil é a identificação do Lico e do Óaro, ainda que esta última designação possa corresponder ao curso médio do Volga.

[257] A construção destas fortalezas por Dario parece absurda, por não interessar ao exército persa a estabilidade, quando o seu objectivo era perseguir um inimigo em fuga permanente; como não será de menosprezar o longo tempo necessário a uma construção deste género. Portanto a associação dos vestígios existentes nas estepes de antigas fortificações com Dario parece errada.

devastado, continuaram em fuga na direcção dos Agatirsos. Mas estes últimos, ao verem os seus vizinhos em fuga e arrasados pelos Citas, antes que os Citas os invadissem a eles também, mandaram-lhes um mensageiro a interditar-lhes a passagem para o seu território; faziam--lhes saber que, se tentassem a invasão, teriam primeiro de travar um combate com eles. Feita esta comunicação, os Agatirsos passaram à defesa das suas fronteiras, decididos a repelirem o invasor. Entretanto os Melanclenos, Andrófagos e Neuros, que os Persas tinham atacado juntamente com os Citas, não pegaram em armas, mas já esquecidos da ameaça que tinham feito[258], iniciaram uma fuga para o deserto a norte, numa desordem completa. Perante a interdição dos Agatirsos, os Citas desistiram de avançar contra eles; então do território dos Neuros atraíram os Persas ao seu próprio terreno[259].

Como a situação se prolongava e não se lhe via fim, Dario enviou um cavaleiro ao rei dos Citas, Idantirso, com a seguinte mensagem: 'Desgraçado, porque persistes em fugir se tens a possibilidade de escolher entre duas opções? Se te consideras capaz de fazer frente ao meu poder, pára, acaba com esses erros e combate; se, pelo contrário, reconheces a tua fraqueza, trata de pôr fim da mesma maneira a essa correria, oferece ao teu senhor terra e água[260] e entra em conversações comigo'. Perante esta comunicação, o rei dos Citas, Idantirso, respondeu desta maneira: 'A minha posição é a seguinte, Persa: nunca, no passado, por medo fosse de quem fosse me pus em fuga, nem mesmo agora estou a fugir de ti. Nada há de novo no meu procedimento de hoje que não corresponda ao que me é habitual em tempo de paz. E porque é que não travo contigo desde já um combate, é o que te passo a explicar. Nós não temos cidades nem terras cultivadas, o que poderia incentivar-nos, por receio de as vermos ocupadas ou arrasadas, a medirmos forças convosco. Mas se de todo em todo fosse necessário, a curto prazo, enveredar pelo caminho da luta, existem os túmulos dos nossos pais[261]. Pois muito bem, tentem só descobri-los e violá-los e ficarão a saber se nós lutamos ou não lutamos por essas sepulturas. Mas até esse momento, se essa ideia nos não agradar, não vamos combater contra vós. E quanto à guerra temos dito. Por meus senhores, reconheço Zeus, meu antepassado, e Héstia, soberana dos Citas[262], e mais ninguém. A ti, em vez da oferta de terra e água, vou

---
[258] Cf. *supra* 119. 4.
[259] Ou seja, para o lado ocidental. Cf. *supra* 17.
[260] A oferta de terra e água era sinal de submissão.
[261] Cf. *supra* 71. 1.
[262] Sobre os deuses que os Citas veneram, cf. *supra* 59.

	mandar-te os presentes que mereces; e, em resposta à tua declaração de seres o meu senhor, vai passear. É isto o que os Citas têm a declarar'.
128.1	O arauto voltou com esta resposta para Dario; mas entretanto, os reis dos Citas, ao ouvirem a palavra escravidão, ficaram profundamente
2	irritados. Enviaram o contingente de que faziam parte os Saurómatas, comandado por Escópasis, com ordem de entrar em negociações com os Iónios, que estavam de guarda à ponte do Istro. Por seu lado, os que permaneceram na região[263] entenderam não forçar os Persas a novas peregrinações, mas de cada vez que eles estivessem a fazer provisão de mantimentos, cair-lhes em cima. Punham-se de atalaia ao momento em que as tropas de Dario se abasteciam e actuavam de acordo com essa
3	estratégia. Quando a cavalaria enfrentava a cavalaria, a dos Citas levava sempre a melhor, e os cavaleiros persas na fuga voltavam-se para a própria infantaria, que acudia em seu socorro. Os Citas, depois de destroçarem a cavalaria inimiga, desandavam, com medo da infantaria. Também de noite os Citas faziam ataques semelhantes.
129.1	O que favorecia os Persas e incomodava os Citas quando atacavam o acampamento de Dario – e é uma coisa perfeitamente surpreendente o que vou dizer – era o zurrar dos burros e o aspecto dos mulos. É que burros e mulos, como atrás expus[264], são seres que em terra cita não se
2	criam. De facto, em todo o território cita, não há um único burro ou mulo por causa do frio. Logo o barulho que os burros faziam desatinava
3	a cavalaria cita. Muitas vezes, no decurso de um ataque contra os Persas, mal que os cavalos ouviam o zurrar dos burros, recuavam em grande confusão e manifestavam a sua estupefacção espetando as orelhas em riste; é que nunca antes tinham ouvido semelhante ruído nem visto animal com aquele aspecto. Tal reacção constituiu, durante algum tempo, uma vantagem no combate.
130.1	Por seu lado, quando os Citas viam os Persas em apuros, para que eles permanecessem mais tempo na Cítia e, ao permanecer, sofressem carências de tudo, procediam assim: abandonavam uma parte do seu gado com os pastores e eles retiravam-se para outro local; então os Persas atacavam, capturavam o gado e essa captura deixava-os animados com
131.1	o sucesso obtido. Depois de esta situação se ter repetido vezes sem conta, Dario viu-se em embaraços. Os reis citas, ao darem-se conta do facto, mandaram-lhe um mensageiro que, de presente, lhe levava uma ave, um

---

[263] Isto é, os contingentes comandados por Idantirso e Táxacis (*vide supra* 120).

[264] *Vide supra* 28. 4. Os burros incluídos no acampamento militar serviriam certamente para carregar mantimentos ou outros equipamentos; por outro lado, dificultavam sem dúvida o ritmo da marcha.

rato, uma rã e cinco flechas[265]. Os Persas interrogaram o portador sobre a intenção das ofertas. Mas ele declarou que o não tinham encarregado de nada mais a não ser de as entregar e de partir quanto antes; e sugeriu aos Persas que, se tinham cabeça para pensar, procurassem entender o que queriam dizer os presentes. Ao ouvirem esta sugestão, os Persas reuniram-se em conselho. A interpretação de Dario era que os Citas se lhe entregavam, a si próprios, à terra e à água; e baseava-se nesta conjectura: o rato vive na terra e alimenta-se dos mesmos produtos que o homem; a rã na água; a ave parece-se muito com o cavalo[266]; o presente das flechas representava o depor das armas. Foi esta a interpretação que Dario apresentou, mas a ele se opôs Góbrias, um dos sete que tinham destronado o mago[267]. Do seu ponto de vista era este o sentido dos presentes: 'Se vocês, Persas, se não tornarem aves e não se erguerem nos céus, ou ratos e se não enfiarem na terra, ou rãs e não saltarem para os charcos, não hão-de regressar a casa, vitimados pelas nossas flechas'. E foi assim que os Persas interpretaram os presentes.

Por seu lado, o corpo de tropas citas que era unitário – aquele que antes tinha sido encarregado de vigiar a costa do lago Meótis e agora de entrar em conversações com os Iónios no Istro –, quando chegou à ponte, falou nestes termos: 'Iónios, vimos trazer-vos a liberdade, se vocês quiserem dar-nos ouvidos. Nós sabemos quais foram as instruções que Dario vos deu: que vigiassem a ponte durante apenas sessenta dias e que, se ele não aparecesse neste intervalo de tempo, partissem de regresso à vossa pátria. Pois se, neste momento, vocês fizerem o que vos vamos propor, ficam isentos de qualquer responsabilização da parte dele, como também de qualquer recriminação da nossa parte. Deixem-se ficar o número de dias previsto e depois partam'. Os tais Iónios comprometeram-se a agir assim e eles voltaram para trás a toda a pressa.

Depois de terem feito chegar os presentes aos Persas, os Citas que tinham ficado no seu território tomaram posições diante de Dario, infantaria[268] e cavalaria, em atitude de combate. Estavam os Citas já em

---

[265] Estes são os presentes anunciados *supra* 127. 4, que é agora oportuno oferecer ao rei persa, quando ele se encontra no maior embaraço. Este episódio famoso é repetido em vários autores antigos, em alguns casos com variantes: diverso de Heródoto é o relato de Ferecides (*FGrHist* 3 F 174), como também o de Ctésias (*FGrHist* 688 F 13). As diferenças principais são relativas aos objectos oferecidos e aos intérpretes do estranho enigma.

[266] Semelhança forçada que não vai além da velocidade.

[267] *Vide* Heródoto 3. 70-79.

[268] Repetidamente Heródoto deixa patente a carência cita de tropas de infantaria, sobretudo pela omissão de qualquer referência face à valorização que faz da cavalaria (cf., e. g., 121, 128, 129, 136, 140. 3). Esta pequena inconsequência neste momento torna mais lógica a história da lebre.

linha de batalha, quando uma lebre se precipitou para o meio das hostes. Cada um deles, à medida que se apercebia da lebre, corria atrás dela. A confusão que se gerou entre os Citas e a gritaria que eles faziam levou Dario a perguntar que tumulto era aquele no campo contrário. Ao ser informado de que perseguiam uma lebre disse aos seus conselheiros

2 habituais: 'Esses homens têm por nós um profundo desprezo, e agora vejo que Góbrias tinha toda a razão no que disse sobre os presentes dos Citas. Como também eu neste momento faço sobre os acontecimentos a mesma leitura que ele, bem precisamos de um conselho avisado, se queremos regressar a casa sãos e salvos'. A esta observação Góbrias respondeu: 'Senhor, eu praticamente já sabia, pelo que tinha ouvido dizer, da dificuldade em lidar com esta gente. E depois que aqui cheguei percebi-

3 -o ainda com mais clareza, ao ver como eles troçam de nós. Pois a minha opinião é que, mal que a noite chegue, acendamos as fogueiras como costumamos fazer habitualmente e que, depois de arranjarmos uma explicação qualquer para dar aos soldados com menor capacidade de enfrentar a fadiga, amarremos todos os burros e partamos, antes que os Citas vão direitos ao Istro e derrubem a ponte, ou então que os Iónios tomem qualquer decisão que venha a ser a nossa ruína'.

135.1 Foi este o conselho de Góbrias. Mais tarde, quando se fez noite, Dario pôs em prática esta sugestão. Os homens mais cansados e aqueles cuja perda teria uma importância menor, bem como todos os burros atados

2 uns aos outros, deixou-os no acampamento. E se abandonou os burros e a parte fraca dos seus homens foi com a intenção seguinte: os burros, para zurrarem; os homens devido à debilidade em que se encontravam[269], mas sob pretexto de que o rei, com as tropas de elite, se preparava para atacar os Citas e que eles entretanto deveriam ficar de guarda ao

3 acampamento. Dada esta explicação aos que ficavam, Dario acendeu as fogueiras e, a toda a pressa, pôs-se a caminho do Istro. Os burros, quando isolados do aquartelamento, zurravam ainda com mais força; e os Citas, ao ouvirem-nos, ficaram perfeitamente convencidos de que os Persas

136.1 mantinham as suas posições. Quando se fez dia, os que tinham ficado perceberam que Dario os tinha traído; foram então aos Citas de mãos estendidas[270] e contaram-lhes o que se tinha passado. Quando ouviram essas novidades, reuniram-se a toda a pressa, os dois contingentes dos

---

[269] Esta cilada que vitima a parte mais fraca do exército persa era uma estratégia várias vezes repetida na narrativa de Heródoto: vide 1. 207. 7, 3. 155. 5. O objectivo em geral ou é iludir o inimigo, ou aligeirar a marcha do total das tropas em boa condição física.

[270] Esta é uma atitude simultaneamente de rendição e de súplica.

Citas e o corpo unitário de Saurómatas, Budinos e Gelonos; iniciaram então uma perseguição contra os Persas direitos ao Istro. Como o exército persa era, na sua maioria, constituído por infantaria e não conhecia os caminhos (porque não os havia traçados), enquanto as forças citas eram sobretudo cavalaria e conheciam os atalhos, acabaram por se desencontrarem uns dos outros; e o facto é que os Citas chegaram à ponte muito antes dos Persas.

Ao saberem que os inimigos ainda não tinham chegado, disseram aos Iónios que estavam nos navios: 'Iónios, o número de dias previsto passou e não está certo que vocês continuem à espera. Se, até agora, era o receio que vos fazia esperar, é altura de destruírem a passagem sem perda de tempo e de regressarem tranquilos, em liberdade, reconhecidos aos deuses e aos Citas. Aquele que até agora era o vosso soberano, somos nós que o vamos deixar de tal maneira que não há-de voltar a atacar seja quem for'. Perante esta proposta, os Iónios deliberaram. Milcíades de Atenas[271], comandante e tirano da gente do Quersoneso Helespontino, era de opinião de que se seguisse a sugestão dos Citas e se libertasse a Iónia. Histieu de Mileto[272], porém, defendia a posição contrária, com o argumento de que, naquele momento, era graças a Dario que cada um deles dominava uma cidade; mas que se o poder de Dario ruísse, nem ele seria capaz de continuar a governar Mileto, nem os outros as respectivas cidades; porque todas prefeririam viver num regime democrático a terem um tirano. A exposição que Histieu fez do seu ponto de vista criou de imediato uma adesão total à sua posição, mesmo daqueles que antes apoiavam Milcíades. Os que tomaram parte na votação e que gozavam da estima do rei eram os seguintes: os tiranos do Helesponto, Dáfnis de Abido, Hípoclo de Lâmpsaco, Herofanto de Pário, Metrodoro de Proconeso, Aristágoras de Cízico e Aríston de Bizâncio.

---

[271] A veracidade ou exactidão histórica deste debate levanta algumas dúvidas. Milcíades, em 524 a. C., deslocou-se ao Quersoneso Trácio para tratar de assuntos relativos à importação de cereais por parte de Atenas. Embora tenha partido como enviado da cidade, acabou funcionando como uma espécie de tirano da região. Se essa foi de facto a sua posição perante a invasão persa da Cítia é controverso. Mas a verdade é que Cornélio Nepos (*Milcíades* 3) fala do afastamento compulsivo deste ateniense da Trácia, depois da campanha de Dario, onde só regressou ao tempo da revolta iónica; esta versão coincide e apoia o sentido do relato de Heródoto. Há, no entanto, quem pense que esta não teria sido nunca a posição de Milcíades, mas antes que a sua fidelidade ao rei lhe teria garantido a permanência no poder (Heródoto 6. 40). Sobre as diversas opiniões suscitadas por esta questão, *vide* How and Wells, pp. 343-344.

[272] Histieu, o tirano de Mileto, veio a ser figura decisiva na revolta iónica, narrada por Heródoto no seu Livro V.

139.1 2 Estes eram, portanto, os tiranos do Helesponto. Da Iónia, Estrátis de Quios, Eaces de Samos, Laodamante de Foceia e Histieu de Mileto, o autor da proposta contrária à de Milcíades. Da Eólia, o único chefe de importância presente era Aristágoras de Cime[273]. Estes portanto, além de manifestarem adesão à proposta de Histieu, decidiram ainda tomar esta posição e fazer a declaração que se segue: quebrar a ponte do lado dos Citas, destrui-la no espaço correspondente a um tiro de flecha, para dar a impressão de estarem a fazer alguma coisa, quando não estavam a fazer nada e para que os Citas não tentassem, à força, atravessar o Istro pela ponte. Dizerem, ao abaterem a ponte do lado dos Citas, que iam

2 proceder de acordo com o desejo deles. Foram estas as propostas que se acrescentaram à de Histieu, que então, em nome de todos, respondeu aos Citas nestes termos: 'Citas, foi útil a vossa vinda e a vossa urgência muito a propósito. Se, no que vos diz respeito, vocês nos mostraram o caminho certo, da nossa parte estamos empenhadamente ao vosso dispor. Como podem ver, estamos a romper a passagem e vamos pôr nessa tarefa

3 todo o nosso esforço, no desejo de sermos livres. Mas enquanto nós nos ocupamos a desfazer a ponte, é tempo de vocês irem ao encontro dessa gente e, quando toparem com eles, de lhes aplicarem um correctivo em vosso nome e no nosso, como eles merecem'.

140.1 Os Citas, confiando uma segunda vez na veracidade das palavras dos Iónios, fizeram meia volta e partiram em busca dos Persas, mas falharam por completo a rota que eles seguiam. Os culpados deste erro foram os próprios Citas, que tinham destruído, naquela região, as

2 pastagens dos cavalos e obstruído os cursos de água[274]. Se o não tivessem feito, ter-lhes-ia sido possível, se quisessem, encontrar facilmente os Persas. Mas neste momento, o que antes lhes tinha parecido a melhor

3 solução, deixou-os em desvantagem. Os Citas procuravam o inimigo percorrendo aquelas zonas em que havia pasto para os cavalos e água, convencidos de que eles faziam a retirada por percursos deste género.

---

[273] O principal interesse desta longa enumeração é testemunhar a proliferação dos regimes tirânicos na Ásia Menor e particularmente na região do Helesponto, sob o patrocínio do rei persa. Na sua maioria, estes nomes não são para nós muito significativos, embora alguns deles reapareçam no relato de Heródoto: Eaces de Samos, filho de Silosonte (irmão de Polícrates), em 6. 13-14, 22, 25; Aristágoras de Cime, em 5. 37-38; Hípoclo de Lâmpsaco, em Tucídides 6. 59. 3-4.

[274] *Vide supra* 120. 1.

[275] Não deixa de ser assinalável a dificuldade, ou mesmo impossibilidade, de os Persas reencontrarem o seu itinerário precedente, depois de todos os percursos feitos num terreno desconhecido e com caminhos mal demarcados.

100

Os Persas, porém, seguiram o seu itinerário anterior[275] e, mesmo assim, foi a custo que encontraram o local onde tinham atravessado. Quando lá chegaram, de noite, e encontraram a ponte destruída, ficaram perfeitamente aterrados à ideia de que os Iónios os tivessem abandonado. No séquito de Dario, havia um egípcio que tinha uma voz fortíssima como não existe outra. A este homem Dario ordenou que se pusesse na margem do Istro e chamasse Histieu de Mileto. Ele assim fez, e Histieu, em resposta ao primeiro chamamento, preparou todos os navios de forma a permitirem a travessia do exército e restabeleceu a ponte. Os Persas puderam então fugir. Os Citas, que andavam à procura deles, falharam pela segunda vez. E assim, como homens livres, os Iónios comportaram-se, na opinião deles, como os sujeitos mais desonestos e mais cobardes que existem à face da terra; no entanto, se vistos como escravos, mostraram-se um modelo de fidelidade e do tipo incapaz de fugir. São estes os insultos que os Citas lançam contra os Iónios[276].

Dario, atravessando a Trácia, chegou a Sesto[277], no Quersoneso. E aí, ele próprio atravessou de barco para a Ásia, deixando na Europa, ao comando das tropas, Megabazo, um persa, a quem Dario prestara um dia uma homenagem, quando fez, diante dos Persas, esta afirmação. Preparava-se o rei para comer umas romãs; mas, quando abriu a primeira, perguntou-lhe o irmão, Artabano, o que é que ele gostaria de ter em quantidade semelhante aos grãos da romã. Dario respondeu que teria preferido possuir aquele número de Megabazos a ter o domínio da Grécia. Esta afirmação feita perante os Persas era uma homenagem que lhe prestava. Deixou-o portanto ao comando do seu exército de oitenta mil homens. Este Megabazo, por ter feito a afirmação que vou transcrever a seguir, ficou para sempre na memória dos Helespontinos. Estava ele em Bizâncio, quando soube que os Calcedónios se tinham fixado na região

---

[276] Este comentário valoriza o contraste típico nesta expedição entre o espírito de liberdade cita e a submissão aos interesses e ao poder sempre demonstrada pelos Iónios. À antipatia cita pela gente da Iónia, Heródoto associa a sua própria, perante um povo grego cujo comportamento, face ao rei persa, tem o sabor da traição à pátria.

[277] Decerto este regresso por Sesto teria a intenção de evitar Bizâncio, onde se sentia alguma contestação antipersa (cf. 5. 26. 1).

3   dezassete anos antes dos Bizantinos[278]. E perante esta informação, declarou que nessa altura os Calcedónios deviam ser cegos. Porque se o não fossem, não teriam escolhido o pior lugar para se fixarem, quando havia um melhor à sua disposição. Este Megabazo, que ficou então a comandar o exército na região, tratou de controlar os Helespontinos que não eram favoráveis aos Medos.

---

[278] Bizâncio e Calcedónia ocupam posições fronteiriças à entrada do Bósforo, Bizâncio na Europa e Calcedónia do lado asiático. Ambas eram colónias de Mégara, fundadas no séc. VII a. C. A vantagem de Bizâncio resultava do seu porto e das correntes marítimas, que o tornavam mais acessível. Sobre o valor histórico desta informação, cf. *The Cambridge Ancient History*, III, p. 659. Sobre a opinião sentenciosa de Megabazo por outros autores atribuída a um oráculo, vide Estrabão 7. 6. 2; Tácito, *Anais* 12. 63. Por seu lado, Políbio 4. 38 valoriza as vantagens da localização de Bizâncio.

2.ª Parte
Os Persas na Líbia
INTRODUÇÃO

1. Os λιβυκοὶ λόγοι no contexto das *Histórias*

"Ao mesmo tempo que Megabazo assim procedia, houve contra a Líbia outra grande expedição militar, pelo motivo que explicarei, depois de contar a história que se segue" (4. 145). Com estas palavras introduz Heródoto uma longa sequência narrativa (4. 146-164), que serve de prelúdio a um breve relato da campanha persa contra Barce (4. 165-167, 200-204), entrecortado por uma descrição da Líbia e dos povos que a habitam (4. 168-199). A estrutura da segunda parte do livro IV das *Histórias* poderá, pois, esquematizar-se do seguinte modo:

1. Fundação de Tera e de Cirene
    1.1. Fixação de alguns Mínias descendentes dos Argonautas, na Lacedemónia, terra dos seus antepassados; circunstâncias da sua condenação à morte e consequente fuga para o Taígeto (§§ 145-146);
    1.2. Fim da regência de Teras em Esparta, e sua partida (com alguns dos Mínias refugiados no Taígeto), para a ilha de Caliste, desde então denominada Tera (§§ 147-149);
    1.3. O oráculo de Delfos transmite ao rei Grino (descendente de Teras), ou a Bato (filho do tereu Polimnesto e da princesa cretense Fronima) a incumbência de fundar uma colónia na Líbia: Bato coloniza Plátea, Azíris e Cirene (§§ 150-158).

2. História de Cirene
    2.1. Reinados de Bato I, Arcesilau I e Bato II (§ 159);
    2.2. Reinado de Arcesilau II: revolta de Arcesilau contra os irmãos; fundação da cidade de Barce pelos príncipes exilados de Cirene; conflito entre os Barceus e os Cireneus – derrota e morte de Arcesilau (§ 160);

103

2.3. Reinado de Bato III: o oráculo de Delfos determina a vinda de um legislador de Mantineia, que restringe o poder real (§ 161);
2.4. Reinado de Arcesilau III:
    2.4.1. Circunstâncias da morte de Arcesilau:
        2.4.1.1. Derrotado ao reclamar os privilégios reais de outrora, o soberano foge para Samos; Feretima, sua mãe, refugia-se em Salamina e pede ao rei Evélton que lhe conceda um exército para voltar a Cirene e enfrentar os seus opositores (§ 162);
        2.4.1.2. Em Samos, Arcesilau reúne um exército para voltar a Cirene;sem acatar as recomendações de prudência do oráculo de Delfos, vinga-se dos adversários políticos e acaba por ser morto em Barce, onde procura refugiar-se junto do sogro (§§ 163-164).

3. A vingança de Feretima e a campanha persa contra a Líbia:
    3.1. Para vingar a morte do filho, em nome dos bons serviços que Arcesilau prestara a Cambises, Feretima pede ajuda ao sátrapa Ariandes (§ 165), governador do Egipto, que pouco depois Dario condenaria à morte (§ 166);
    3.2. Ariandes põe ao serviço de Feretima as tropas do Egipto, movido pela piedade ou pela ambição de conquistar a Líbia (§ 167);
        3.2.1. Excurso sobre a Líbia: descrição da região; comentários sobre a fauna e a flora; usos e costumes dos povos que a habitam (§§ 168-199);
    3.3. Os aliados de Feretima atacam a cidade de Barce e, depois de violentos confrontos, vencem pela astúcia os Barceus (§§ 200-201);
    3.4. Feretima manda empalar os assassinos do filho e entrega a cidade aos Batíadas (§ 202);
    3.5. Saindo vitoriosos de Barce, os Persas passam por Cirene e regressam ao Egipto, perseguidos pelos Líbios (§ 203);
    3.6. Dario concede aos cativos de Barce o direito de habitarem numa região da Báctria doravante denominada Barce (§ 204);
    3.7. Morte de Feretima (§ 205).

No intuito de falar sobre a expedição persa contra Barce, Heródoto não se limita a expor as circunstâncias que determinaram tais eventos: relacionando lendariamente a causa do conflito com a vingança de Feretima contra os Barceus (por causa da morte do filho, Arcesilau III, rei de Cirene), recorda *ab ouo* toda a história de Cirene, desde as mais remotas origens dos antepassados do seu fundador – Bato de Tera, descendente dos Mínias; numa perspectiva mais racional da génese dos acontecimentos, o historiador observa contudo que o verdadeiro motivo da expedição contra Barce poderá ter sido simplesmente o desejo persa de dominar a Líbia – o que serve de pretexto para outro longo excurso, acerca dos muitos povos dessa região que não eram súbditos de Dario.

Nesta sua digressão etnográfica pelas tribos da Líbia (4. 168-196), Heródoto alude à assimilação de certos aspectos da cultura egípcia (4. 168, 180-181, 186), conforme já anteriormente sugerira (2. 42, 55), ao falar sobre as crenças, os usos e costumes do Egipto[1]. Apresentar um estudo sobre a Líbia para aprofundar, nomeadamente, alguns factos que unem a sua história à do Egipto, parece ser uma intenção anunciada pelo historiador, a propósito das campanhas do faraó Apries (2. 161). Ao enumerar os principais acontecimentos do seu reinado, alude à desgraça que lhe sobreveio, depois de efémeros sucessos militares, e resume a ocorrência em breves palavras, com a promessa de desenvolver o assunto no âmbito de uma exposição sobre a Líbia: ...ἐγένετο ἀπὸ προφάσιος τὴν ἐγὼ μεζόνως μὲν ἐν τοῖσι Λιβυκοῖσι λόγοισι ἀπηγήσομαι ("isso aconteceu por motivos que exporei melhor nos *libykoi logoi*"). Após este preâmbulo, Heródoto lembra a derrota de Apries contra os Cireneus, què gerou o descontentamento entre os Egípcios e a revolta contra o faraó. Nova alusão a este conflito, de que resultou a deposição de Apries e a ascensão de Amásis ao trono, ocorre no parágrafo 159 do quarto livro das *Histórias*, sem contudo se acrescentar qualquer desenvolvimento em relação aos factos anteriormente expostos. Corresponderá esta segunda parte do livro IV aos Λιβυκοὶ λόγοι anunciados no livro II? Ao utilizar esta expressão, estaria o historiador a referir-se a uma parte da sua obra acerca das Guerras Médicas (remetendo o receptor para um posterior "capítulo" sobre a Líbia), ou estaria ele a anunciar a intenção de vir a apresentar uma outra obra – uma monografia sobre a Líbia?[2]

Desnecessária sob o ponto de vista estritamente lógico e narrativo, a digressão sobre a Líbia surge nas *Histórias* como um anexo, inciso à semelhança de outros excursos etno-geográficos, de que o melhor exem-

---

[1] Cf. Alan B. Lloyd, "Herodotus on Egyptians and Libyans", in *Hérodote et les Peuples non Grecs*, Entretiens sur l'Antiquité classique, Vandoeuvres-Genève, Fondation Hardt, 1990, tome XXXV, pp. 215-244.

plo será sem dúvida o que preenche todo o livro II, acerca do Egipto. Sobre este último, considera F. Jacoby a hipótese de ter sido inicialmente concebido como um estudo autónomo, posteriormente integrado pelo historiador na obra sobre as guerras pérsicas[3]. Idêntica conjectura se poderá eventualmente formular a respeito dos λιβυκοὶ λόγοι, interpretando esta expressão como possível referência a um estudo monográfico sobre a Líbia, total ou parcialmente inserido nas *Histórias*, a propósito da expedição de Ariandes, na segunda parte do livro IV – cuja informação poderá corresponder a uma sinopse, a um extracto ou a um primitivo esboço da pesquisa do historiador para esse eventual opúsculo.

2. As presumíveis fontes de Heródoto

Ao descrever a cena em que Aristágoras enumera a Cleómenes os povos que habitam na rota que vai da Iónia ao coração do império persa, Heródoto (5. 49) alude a um mapa (πίναξ) como suporte dessa exposição. A região costeira da Líbia figuraria também em documentos descritivos anteriores a Heródoto, nomeadamente em portulanos estabelecidos pelos navegadores de Samos (local onde o historiador terá permanecido bastante tempo), de Rodes e de outras cidades helénicas, que habitualmente percorriam essa região[4]. É provável que o historiador conhecesse a *Periegese* de Hecateu, mas os escassos fragmentos que desta subsistem sobre a Líbia não permitem avaliar ao certo em que medida terá servido de fonte à segunda parte do livro IV das *Histórias*[5].

Ao conjecturar a origem líbica dos gritos rituais gregos, Heródoto

---

[2] A mesma questão formula Robert Drews, a propósito dos ἀσσύριοι λόγοι ("Herodotus' other *logoi*", *AJPh* 91 1970, pp. 181-191), aduzindo a análise de alguns passos em que Heródoto parece de facto aludir a uma outra obra: depois de descrever como Ciaxares embriagou os chefes citas, o historiador conta (1. 106) que eles tomaram Nínive e que noutros λόγοι explicará como eles se apoderaram da cidade e submeteram os Assírios; na digressão sobre os soberanos da Babilónia, que antecede a referência à conquista da cidade por Ciro, Heródoto selecciona apenas duas rainhas (1. 184) entre todos os monarcas de que falará nos λόγοι assírios.

[3] Cf. F. Jacoby, *RE*, supl. II, col. 365. A hipótese coloca-se particularmente em relação ao livro II, sobre o Egipto, mas poderá estender-se a outros λόγοι congéneres, que o Autor considera desnecessários por não apresentarem qualquer relação com o conflito entre a Ásia e a Europa, tema central das *Histórias* (e.g., os excursos sobre a Lídia, a Cítia, os Masságetas, a Babilónia e a Líbia).

[4] Cf. P. Legrand, p. 140.

[5] Algumas divergências dificultam também essa conclusão: ambos se referem a povos sedentários que se dedicam à agricultura, mas Heródoto (4. 186) situa-os a oeste do lago Tritónis e Hecateu refere que habitam a região a partir de Mégasa (Müller, fr. 305; F. Jacoby,

parece descrever a ὀλολυγή das mulheres da Líbia, como se a tivesse, de facto, presenciado (4. 189); idêntica impressão nos poderão causar certas observações sobre os costumes dos nómadas (4. 186-190) e sobre a fauna (4. 191-192), que parecem denotar uma observação directa do narrador. Não será inverosímil a hipótese de Heródoto ter estado em Cirene[6]. Aí ou noutro local da Líbia oriental, na Magna Grécia ou na Sicília, poderia o historiador ter recolhido as informações, que atribui aos Cartagineses, acerca da ilha de Cirávis e do comércio para lá das Colunas de Hércules (4. 195-196): aí poderia ter eventualmente encontrado marinheiros de Cartago, ou ter ouvido o testemunho de alguém que com eles tivesse falado[7].

Ao narrar todos os pormenores que envolvem a fundação de Cirene e os seus antecedentes, o historiador declara ter-se inspirado na tradição veiculada pelos Lacedemónios (4. 150), pelos Tereus (4. 150, 154) e pelos Cireneus (4. 154).

D. Fehling[8] aventa a possibilidade de tais fontes serem apenas referências forjadas para conferir credibilidade às suas histórias – mediante um simples raciocínio lógico, ele atribui às fontes mais plausíveis a informação que apresenta: a parte da história da fundação de Cirene que tem por cenário Esparta é filiada no testemunho dos Espartanos e dos Tereus; para as peripécias ocorridas em Tera, serão decerto os Tereus os informadores por excelência; e não será de estranhar que os Cireneus saibam tudo a respeito da origem da sua cidade e do seu fundador. Na perspectiva céptica de D. Fehling, as fontes citadas pelo historiador são, pois, fictícias, forjadas segundo o princípio geral de que existem informadores preferenciais para cada matéria, invocados sempre que é preciso fazer crer que a obra se baseia numa investigação cuidada[9].

Não se poderá contudo excluir a hipótese de Heródoto se ter real-

---

FGrHist 1 F 335); é provável que os Mázies de Hecateu correspondam aos Máxies de Heródoto, mas enquanto este último os identifica como agricultores (4. 191), o seu predecessor apresenta-os como um povo nómada (Müller, fr. 304; F. Jacoby, *FGrHist* 1 F 334).

[6] É possível que tenha visto a estátua a que alude em 2. 181, ou que tenha realmente ouvido o testemunho dos Líbios e dos Cireneus que refere por fontes em 2. 28, 32.

[7] Cf. P. Legrand, pp. 145-146.

[8] D. Fehling, *Herodotus and his "sources" - citation, invention and narrative art*, Leeds, Francis Carns, 1989, pp. 91-92.

[9] Ao descrever a rota de Tebas do Egipto para ocidente (4. 181-185), Heródoto descreve o Atlas como um monte muito alto cujo cume nunca se avista - para dar crédito ao que afirma, filia tal ideia no testemunho dos nativos da região, que o identificariam como a "coluna do céu", numa perspectiva suspeitamente próxima da noção grega de

mente baseado nas fontes que menciona. É natural que existisse entre os Tereus uma lenda sobre a origem da sua ilha, desde a fundação (com o primitivo nome de Caliste), até à colonização por Teras; acerca da fundação de Cirene, colónia de Tera, haveria decerto lendas difundidas pelas duas cidades. Além da tradição oral, é também provável a existência de uma crónica de Tera, de que Heródoto poderia ter tido conhecimento directo ou ter ouvido falar em Samos, em virtude dos sólidos laços de amizade entre as duas cidades (4. 152).

É natural que Tera e Cirene tivessem, no século V a.C., uma história mais ou menos lendária das suas origens, com que poderá estar relacionado um documento epigráfico do final do século IV a.C., vulgarmente designado por "decreto dos fundadores"[10], que atribui ao deus de Delfos a ordem expressa e directa da colonização de Cirene, transmitida a Bato. Poucos anos antes de Heródoto, Píndaro imortalizara o mito da fundação de Cirene em versos líricos, contando como Apolo levou do Pélion da Tessália a ninfa Cirene, para a instalar no fértil território que um dia teria o seu nome[11], em que Bato viria a fundar uma cidade e a ser venerado como um herói[12].

3. História de Cirene

Fundada na segunda metade do século VII a.C. (632 a.C.), com Tera por metrópole, Cirene é, de entre todas as colónias gregas do norte de África no período arcaico, aquela cuja história melhor se conhece, principalmente graças ao testemunho de Heródoto, em que a realidade histórica se associa à lenda.

Até à ocupação de Tera pelos antepassados Mínias e Lacedemónios dos futuros colonizadores de Cirene, todas as fontes do historiador são unânimes; a partir daí, Tereus e Cireneus divergem na exposição das circunstâncias que determinaram a fundação da nova colónia: a versão dos Tereus acentua o papel desta ilha na fundação de Cirene, limitando o

---

Atlas. Cf. D. Fehling, *op. cit.*, pp. 228-229. Acerca do ouro extraído de um lago dos Gizantes, com penas revestidas de pez, Heródoto poderia referir como fonte os Líbios (como em 4. 191 ou 187), mas prefere citar os Cartagineses - autoridade fidedigna, enquanto potência comercial próxima (cf. D. Fehling, *op. cit.*, p. 96).

[10] *SEG* 9, 3, 11 sqq.; cf. Claude Calame, "Mythe, récit épique et histoire: le récit de la fondation de Cyrène", in Claude Calame (ed.), *Métamorphose du mythe en Grèce Antique*, Genève, Éditions Labor et Fides, 1988, p. 116.

[11] Píndaro, *Pítica* 9. 5 sqq.

[12] Píndaro, *Pítica* 5. 85-95; cf. 4. 4-8. C. Calame, *op. cit.*, p. 121.

de Bato, enquanto a versão cirenaica (semelhante à de Píndaro, nas *Píticas* IV e V) confere traços heróicos à figura de Bato. Segundo os Tereus, Bato era descendente dos Mínias que com Teras tinham colonizado a ilha de Caliste/Tera; para os Cireneus, era filho ilegítimo de um ilustre cidadão de Tera e de uma princesa cretense que este teria tomado por concubina[13]. Na versão dos Tereus, o oráculo de Delfos convida o rei Grino (descendente de Teras) a fundar uma colónia na Líbia, e o rei delega em Bato essa missão; na história contada pelos Cireneus, a ordem é transmitida a Bato, quando este consulta o oráculo, a propósito de um problema de fala.

Nesta última versão se integraria uma das etimologias propostas para o nome do fundador de Cirene (4. 155), que relacionava a origem do antropónimo com o verbo βατταρίζω (gaguejar); mas mais provável considera contudo o historiador a hipótese de o nome Bato ter derivado do substantivo comum que entre os Líbios designava o rei – ao ocupar o trono (por volta de 631 a.C.), teria sido esse o nome adoptado pelo fundador de Cirene, que até então teria sido conhecido por outro nome[14]. Eventualmente criada pela família dos Batíadas a partir de uma parecença casual entre o antropónimo Bato e o vocábulo líbico para "rei", esta etimologia poderá ter nascido para sugerir a predestinação da personagem para a realeza, como se os deuses lhe quisessem sancionar no nome o glorioso destino que lhe estava reservado.

Autor de uma *História da Líbia*, no segundo século antes da nossa era, Ménecles de Barce[15] considera lendária a ideia de Bato ter consultado a divindade por causa da gaguez[16]; mais credível e convincente lhe parece uma outra variante da história, segundo a qual ele teria ido a Delfos, para saber que atitude tomar depois de ter sido expulso da ilha de Tera, por implicação em lutas políticas: perante a sua indecisão sobre se deveria regressar à pátria pela força das armas, ou abandoná-la de

---

[13] Não é de excluir a hipótese de esta versão cirenaica ser de origem cretense, pois esta era também a origem de muitos dos Cireneus (4. 161).

[14] O historiador não refere qual teria sido esse outro nome. Píndaro (*Pítica* 5. 116) atribui-lhe o nome de Aristóteles; Diodoro (8. 29. 1) alude também a Aristóteles, vulgarmente chamado Bato, fundador de Cirene por determinação de um oráculo. Estrabão (17. 3. 21) apresenta Bato como fundador da cidade. V. ainda *Suda*, s.u. Βάττος.

[15] F. Jacoby, *FGrHist* 270 F 6.

[16] Cf. Heródoto 4. 150-158. Pausânias (10. 15. 6-7) refere que os Cireneus ofereceram a Delfos uma estátua do fundador da sua cidade, montado num carro, e acrescenta que, depois de fundar Cirene, Bato ficou curado da gaguez, por ter visto um leão e ter gritado de susto a plenos pulmões.

vez, para fundar uma colónia, o oráculo teria preconizado a segunda alternativa.

Sem indicações precisas sobre a localização da nova colónia, algumas dificuldades se deparam naturalmente ao herói, para obedecer às ordens de Delfos (4. 150-158). Conta Heródoto que, segundo os Tereus (4. 150), por Bato não cumprir a ordem divina, a seca atinge Tera durante sete anos, motivando uma nova consulta ao oráculo; na versão cirenaica (4. 156), os Tereus dirigem-se também a Delfos, depois de sofrerem múltiplas vicissitudes. No testemunho de ambos os povos, a Pítia reitera a ordem de fundar uma colónia na Líbia – empenhado em cumprir a missão de que fora incumbido, Bato consegue chegar a Plátea[17], onde funda uma colónia.

A partir deste episódio, as duas versões a que Heródoto alude são coincidentes: novos tormentos impelem a consultar de novo o oráculo, que insiste na necessidade de fundar uma colónia na Líbia, não nas ilhas mas no continente; os Tereus povoam Azíris, até que, sete anos mais tarde (curiosamente, tantos quantos os que Tera permanecera sem chuva), são conduzidos pelos indígenas até à pluviosa Cirene, perto da fonte de Apolo.

Na narrativa de Heródoto, as versões da colónia e da metrópole acerca da origem de Cirene apresentam assim em comum uma estrutura recorrente, em que se repetem as consultas ao deus de Delfos – é Apolo quem determina a fundação da cidade, em sucessivos apelos (4. 150, 156, 157).

Embora não seja de excluir a influência real do oráculo de Delfos na conduta da política das cidades clássicas e em particular na colonização[18], é contudo impossível deixar de reconhecer que, na historiografia, os oráculos desempenham sobretudo uma função catalizadora, como impulsionadores da narrativa, não sendo de excluir a possibilidade de uma criação *ex eventu*, como explicação do devir histórico[19].

Se algumas reservas poderão existir em relação à autenticidade dos

---

[17] Um dos ilhéus no golfo de Bomba, a leste de Trípoli.

[18] Cf. J. Defradas, *Les thèmes de la propagande delphique*, Paris, Les Belles Lettres, 1972, pp. 229-257. A história de Dorieu evidencia também, na obra de Heródoto (5. 42), o papel de Delfos na colonização. Afastado por Cleómenes do trono de Esparta, Dorieu partiu para a Líbia, com guias de Tera, para aí fundar uma colónia; mas por ele não ter ido a Delfos pedir o apoio de Apolo, os colonizadores espartanos foram expulsos pelas populações indígenas e tiveram de regressar à patria.

[19] Esta hipótese admite R. Crahay (*La littérature oraculaire chez Hérodote*, Paris, Les Belles Lettres, 1956, pp. 116-133) relativamente a todos os oráculos que Heródoto inclui nas suas *Histórias*.

oráculos que Heródoto insere na história da fundação de Cirene[20], não será contudo de invalidar a hipótese de figurarem nas fontes em que o historiador se baseou, pois a vontade divina expressa em oráculos é um dos motivos das lendas associadas à fundação de diversas cidades[21]. Explicação lendária das circunstâncias que levaram os Tereus a fundar no norte de África as colónias de Plátea, Azíris e Cirene (o excesso populacional, a fome e a pobreza do solo), o oráculo percorre toda a história de Cirene[22]: na versão de Heródoto (4. 159), é um oráculo que determina a explosão demográfica, efectivamente ocorrida em 580 a.c., no reinado de Bato II, com a atribuição de terras a novos colonos (e o consequente descontentamento das populações autóctones, que pediram auxílio ao faraó Apries, derrotado em Irasa em 570 a.c.); na sequência da crueldade de Arcesilau II[23] (cuja perseguição contra os irmãos parece estar na origem da fundação de Barce, entre 560 e 550 a.c.), é ao oráculo que o historiador atribui a presença de um reformador de Mantineia, que restringe o poder real no reinado de Bato III (4. 161); uma enigmática profecia determina as circunstâncias da morte de Arcesilau III e anuncia a queda do oitavo Batíada (Arcesilau IV), por volta de 460 a.C[24] (4. 163-164); por obediência a um oráculo, os Cireneus consentem que os Persas atravessem a sua cidade, após a submissão de Barce (4. 203).

---

[20] Cf. J. Fontenrose, *The Delphic Oracle, Its Responses and Operations*, Berkeley-London, Universaty of California Press, 1978, pp. 120-123.

[21] Com a ajuda de Zeus, Tlepólemo funda em Rodes três cidades (Homero, *Ilíada* 2. 653 sqq.); para salvar Corinto da punição divina da seca e da peste, Árquias funda Siracusa (Plutarco, *Moralia* 772 sqq.); por dificuldade na sucessão ao trono de Pilo e de Atenas, a Pítia atribui o reino a Médon e os seus opositores vão colonizar a Iónia (Pausânias 7. 2. 1); ao consultar o oráculo por não ter descendentes, Míscelo recebe da Pítia a indicação de que só os terá, quando fundar uma colónia em Crotona (Diodoro Sículo 8. 17). Cf. Claude Calame, *op. cit.*, pp. 114-116.

[22] *Cambridge Ancient History*, vol. III, pp. 134-138; 256-257.

[23] Acerca da crueldade de Arcesilau II, deve ter havido fontes divergentes, mais ou menos favoráveis ao monarca. Heródoto (4. 160) alude à perseguição que ele moveu contra os irmãos (e que os levou a deixar Cirene para fundarem Barce, entre 560 e 550 a.C.) e contra os Líbios que os apoiaram. Na versão apresentada por Plutarco (*Moralia* 260 d-261 d), a crueldade de Arcesilau é justificada pela influência nefasta do conselheiro Laarco, um homem sem escrúpulos, desejoso de usurpar o trono, que se empenhava em denegrir a imagem do rei e que acabaria por chegar ao regicídio. Heródoto atribui ao assassino de Arcesilau o nome de Learco, identificando-o como seu irmão; alude ainda à vingança de Erixo, a rainha viúva, que mata o assassino do marido. Na versão de Plutarco, Erixo é a mãe de Arcesilau, mulher forte e decidida, sempre pronta a defender o filho da ameaça de usurpadores.

[24] Embora não se saiba ao certo quando ocorreu a deposição, ela é, naturalmente, posterior a 462 a.C., ano em que Píndaro compôs a quarta *Pítica*, para celebrar a vitória

4. A expedição de Ariandes e a vingança de Feretima

Depois de uma digressão por diversos factos relacionados com as origens de Cirene e da sua metrópole (4. 145-158), Heródoto apresenta uma sinopse da dinastia dos Batíadas até ao fim do reinado de Arcesilau III (4. 159-164), cuja morte estabelece na narrativa a ligação com o tema proposto no início da segunda parte do livro IV (4. 145) – a campanha persa contra a Líbia, i.e., a expedição de Ariandes, sátrapa do Egipto, contra a cidade de Barce.

Embora admita que a verdadeira razão deste conflito deve ter sido o desejo de submeter a Líbia ao poder dos Persas (4. 167), Heródoto expõe minuciosamente uma versão romanceada dos acontecimentos, que apresenta Feretima, mãe de Arcesilau III, como instigadora do projecto: decidida a vingar a morte do filho, vitimado por um atentado em Barce, a rainha pede auxílio militar ao sátrapa do Egipto, para avançar contra os Barceus (4. 165, 167); é como aliados de Feretima que os Persas tomam a cidade (4. 200-201) para que a mentora da iniciativa satisfaça a sua vingança (4. 202). Reproduzindo basicamente o que Heródoto conta acerca de Feretima e da sua vingança contra os Barceus, Polieno (8. 47) conclui a história, dizendo que a mãe de Arcesilau III avançou também contra os Cireneus, com o exército de Ariandes. Na versão de Ménecles de Barce[25], é apenas contra estes que se a rainha se insurge, decidida a lutar contra os opositores políticos do filho.

Como explicação de acontecimentos históricos, como causa de conflitos militares, é relevante o papel da vingança na obra de Heródoto[26]. Logo no início das *Histórias*, uma série de ofensas e vinganças serve de motivo às hostilidades entre Gregos e Bárbaros (1.4); a vingança é uma das razões que levam Creso a atacar Ciro (1. 75); é por vingança que Hárpago se alia a Ciro contra Astíages (1. 123); o mesmo sentimento não será alheio à expedição lacedemónia em Samos (3. 47-48); Periandro vinga-se dos habitantes de Corcira (3. 49); é por vingança que Oretes

---

de Arcesilau IV nos Jogos Píticos. Já então se sentiria uma certa instabilidade política: a própria ode teria sido escrita a pedido de um aristocrata exilado em Tebas por envolvimento numa conspiração contra o rei de Cirene - como ofertante do encómio, esperava assim propiciar o beneplácito real.

[25] Cf. Müller, *FHG* IV, p. 449, fr. 2; F. Jacoby, *FGrHist* 270 F 5.

[26] Jacqueline de Romilly, "La vengeance comme explication historique dans l'oeuvre d'Hérodote", *REG* 84, 1971, pp. 314-337; Michelle Giraudeau, *Les notions juridiques et sociales chez Hérodote: études sur le vocabulaire*, Paris, Diffusion de Boccard, 1984, cap. II - "Étude de la vengeance et du châtiment", pp. 79-86.

prepara a morte de Polícrates (3. 120-128); Dario avança contra os Citas para vingar uma ofensa (4. 1) e deseja vingar-se dos Atenienses (5. 105); Mardónio lembra a Xerxes o desejo de vingança que o seu predecessor sentia contra os Atenienses (7. 5-9); ao projectar a expedição contra a Grécia, Xerxes assume esse sentimento de vingança como uma espécie de herança de Dario (7. 11).

Como o próprio historiador sugere contudo (4. 167), a piedade inspirada por uma mãe desejosa de vingar a morte do filho poderá não ter passado de um pretexto ou de um motivo lendário para justificar a campanha de Ariandes contra Barce[27].

Sátrapa do Egipto entre 517 e 494 a.C., Ariandes era decerto um homem ambicioso. Conta Heródoto (4. 166) que Dario o teria mandado matar, pouco depois da guerra contra Barce, por alegada suspeita de conspiração, em virtude de ele ter mandado cunhar moeda de prata depurada, ousando copiar o processo de fabrico das moedas de ouro de Dario. O historiador parece assim entender a morte de Ariandes como uma espécie de sanção por ambição desmedida. Na realidade, não deve ter sido apenas por cunhar moeda de prata que Dario o terá mandado matar, pois esse procedimento não estava vedado aos sátrapas; talvez a ousadia de Ariandes tenha ido mais longe: a morte poderá ter sido a pena recebida por fundir moeda imperial, para a vender em barras de ouro ou prata em seu proveito[28]. Talvez essa atitude tenha contribuído para reforçar os argumentos de Dario para eliminar um adversário político, por sentir receio de uma "declaração de independência" do sátrapa do Egipto[29]. Polieno (7. 11. 7) alude a uma rebelião no Egipto, "contra a opressão do sátrapa Ariandes", abafada pelo próprio Dario, que aí terá estado depois da expedição cita (cf. Heródoto 2. 110).

A avaliar pelos elementos de que dispomos, é verosímil que Ariandes tenha planeado uma expedição à Cirenaica[30] e tenha decidido saquear precisamente a cidade de Barce – onde o rei de Cirene, que se submete-

---

[27] Acerca de outras versões lendárias das causas que determinaram certas expedições militares, cf. Heródoto 3. 1-3 (Cambises e a invasão do Egipto); 3. 139-141 (Dario e a tomada de Samos); 5. 12-15 (Dario e a tomada da Peónia).

[28] A.R. Burn, *Persia and the Greeks - the defence of the West, c. 546-478 B.C.*, London, Duckworth, 1990 (2ª ed. - reimp.), p. 106.

[29] *Cambridge Ancient History*, vol. IV, p. 264.

[30] Esta poderá ter sido uma das primeiras campanhas persas na Líbia, que só por volta de 512 a.C. terá passado a ser considerada uma das satrapias do império persa. Cf. *Cambridge Ancient History*, vol. IV, p. 262.

ra ao domínio persa[31], fora pouco antes assassinado por adversários políticos[32].

Concebido *post euentum*, como explicação lendária da morte de Arcesilau III e da queda do oitavo Batíada no trono de Cirene[33], o oráculo de Delfos que Heródoto (4. 163) integra no relato das circunstâncias da morte do rei poderá ter sido criado pela tradição de Cirene para atenuar as motivações políticas do regicídio e sublinhar a força do destino e a dimensão trágica da vida humana. É precisamente quando em Barce procura fugir à morte vaticinada pelo oráculo (depois de se vingar dos adversários políticos, sem acatar a moderação aconselhada por Apolo), que Arcesilau perde a vida, concretizando as enigmáticas profecias do deus de Delfos[34].

Ligado ao de Arcesilau, o destino de Feretima parece ser, de algum modo, anunciado pelo seu próprio nome, com se de um oráculo se tratasse: quando Arcesilau reivindica os privilégios dos seus antepassados, Feretima *ostenta as honras* (φέρω – levar, suportar; τιμή – a honra), ao usufruir dos privilégios reais durante a estada do filho em Barce; após a cruel vingança contra os Barceus[35], *suporta o castigo* (outra das acepções de τιμή) que os deuses lhe reservam[36]. Na vida e na morte, a rainha cumpre o percurso que parece ter sido providencialmente inscrito no

---

[31] Heródoto (3. 13) alude à submissão de Cirene ao poder da Pérsia. No intuito de sensibilizar Ariandes, Feretima (4. 165) invoca a fidelidade que Arcesilau sempre manifestara para com os Persas (desde que entregara Cirene a Cambises e se comprometera a pagar-lhe um tributo) e argumenta que o sátrapa deverá acompanhá-la na guerra contra os Barceus, porque foi precisamente por ser amigo dos Persas que o rei de Cirene foi morto em Barce por adversários políticos.

[32] Cf. Nicolau Damasceno (Müller, *FHG*, III, p. 387, frag. 52; F. Jacoby, *FGrHist* 90 F 50) e Polieno (8. 41) aludem aos motivos políticos do regicídio; Plutarco (*Moralia* 206) acrescenta que o assassino de Arcesilau teve o apoio de Amásis e os seus conspiradores procuraram a protecção do faraó, para evitarem eventuais represálias.

[33] Arcesilau IV, deposto em 460 a.C. Vd. *supra* nota 24.

[34] Heródoto 4. 164.

[35] A extrema crueldade de Feretima, ao mandar empalar os inimigos (4. 202), lembra a atitude da rainha Améstris, mulher de Xerxes, que por vingança não hesita em mutilar a cunhada, cortando-lhe os seios, o nariz, as orelhas, os lábios e a língua (Heródoto 9. 112). Reza ainda a tradição (Heródoto 7. 114) que a cruel Améstris (cumprindo um costume persa) teria mandado sepultar vivos catorze mancebos, filhos dos mais ilustres Persas, como oferenda às divindades ctónicas.

[36] Cf. Seth Bernardete, *Herodotean Inquiries*, The Hague, Martinus Nijhoff, 1969, p. 123. Mediante uma análise etimológica dos nomes próprios das personagens envolvidas nos acontecimentos descritos na segunda parte do quarto livro das *Histórias* de Heródoto, S. Bernardete observa que muitos desses antropónimos se encontram curiosamente

seu próprio nome: às honras da vitória e ao regozijo da vingança, sobrevém a dor de uma morte atroz, "porque, levadas ao excesso, as vinganças dos homens se tornam odiosas aos deuses"[37].

---

relacionados com o papel que as figuras desempenham na acção (e.g., Teras, "o caçador", parte em busca de uma colónia; Témison "o justo" salva Fronima da morte; o legislador Demónax "o chefe do povo" reduz o poder real e aumenta o do povo).

[37] Heródoto 4. 205. Estas derradeiras palavras do livro IV reafirmam em Heródoto a concepção de uma justiça divina que preside ao destino dos homens. Cf. 2. 120, 9. 79.

HISTÓRIAS
Livro IV
Tradução
(145-205)

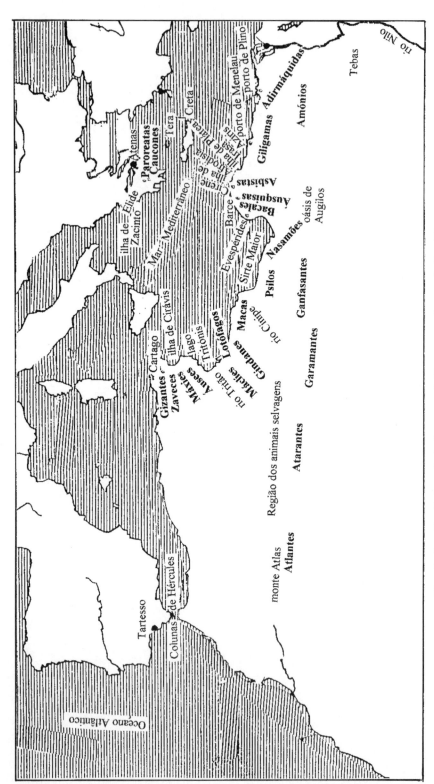

Mapa 2 – Localização dos principais povos referidos na segunda parte do livro IV.

Ao mesmo tempo que Megabazo assim procedia, houve contra a **145.**1
Líbia outra grande expedição militar[1], pelo motivo que explicarei[2], depois
de contar a história que se segue[3].

Alguns dos descendentes dos Argonautas[4] foram expulsos por   2
aqueles Pelasgos que tinham raptado de Bráuron as mulheres dos
Atenienses[5]. Expulsos por eles de Lemnos, navegaram rumo à
Lacedemónia e, fazendo escala no Taígeto, aí acenderam uma fogueira[6].
Ao vê-la, os Lacedemónios enviaram um mensageiro, para averiguarem   3
quem eles eram e de onde vinham. Ao mensageiro que assim os
interrogava, responderam que eram Mínias[7], que eram filhos dos heróis

---

[1] Heródoto alude à expedição dos Persas contra a cidade de Barce, na Líbia, por volta de 512 a.C. A simultaneidade referida pelo historiador entre as campanhas da Cítia e da Líbia não deve ser apenas um recurso estilístico para anexar as duas histórias: tais eventos precederam a deposição de Ariandes (sátrapa do Egipto entre 517 e 494 a.C.; cf. Heródoto 4. 166) e a possibilidade de terem decorrido ao mesmo tempo permite justificar a ausência da frota fenícia (usada na campanha contra a Líbia) nas operações na Cítia.

[2] Cf. 4. 167.

[3] A história da colonização de Tera (actualmente, Santorini) e de Cirene.

[4] No preâmbulo desta longa narrativa, figuram os Mínias, antepassados de Bato (fundador de Cirene) e da família dos Egidas da Lacedemónia. Os Mínias eram descendentes dos Argonautas, os heróis da nau Argo, que, comandados por Jasão, navegaram rumo à Cólquida, em busca do velo de ouro, para cumprir as ordens do rei Pélias.

[5] Bráuron, na costa oriental da Ática, era famosa pelo templo de Ártemis. Acerca da chegada a Lemnos dos Pelasgos expulsos de Atenas, Heródoto alude a duas tradições (cf. 6. 137-140). Neste passo, o historiador refere a versão dos Atenienses, segundo a qual os Pelasgos molestaram as mulheres da cidade.

[6] Acender uma fogueira poderia significar a vontade de se fixarem nesse local, entre a Lacónia e a Messénia, o que preocupou os Espartanos.

[7] Relacionados ou identificados com os Argonautas (cf. Apolónio de Rodes 1. 228--233) pelo menos desde Estesícoro (fr. 238 Davies), os Mínias eram um povo da Beócia, que habitava a região de Orcómeno e da Tessália meridional. Foi da Tessália que partiram os Argonautas (Homero, *Ilíada* 2. 712).

119

4 que tinham viajado na nau Argo, e que estes os tinham gerado durante uma escala em Lemnos[8]. Depois de ouvirem a resposta desses homens da estirpe dos Mínias, os Lacedemónios enviaram uma segunda embaixada, para lhes perguntar o que pretendiam ao virem para a sua terra e ao acenderem nela uma fogueira. E eles responderam que, após terem sido expulsos pelos Pelasgos, vinham para a terra dos seus antepassados[9]: isso era realmente o que havia de mais justo, e era imperioso que aí coabitassem, usufruindo de uma parte das honrarias e
5 partilhando a terra. Aos Lacedemónios, pareceu acertado receber os Mínias nas condições que eles pretendiam, e o que os levava a proceder assim era, acima de tudo, a participação dos Tindaridas na aventura da nau Argo[10]. Receberam, pois, os Mínias, deram-lhes uma parte da terra e repartiram-nos pelas várias tribos. E não tardou que os Mínias aí contraíssem matrimónio e dessem também aos anfitriões por esposas as mulheres que de Lemnos tinham trazido.

146.1 Mas não muito tempo depois, os Mínias excederam-se, exigindo tomar parte na realeza e fazendo outras coisas que a lei não permitia.
2 Aos Lacedemónios, pareceu então preferível matá-los: apanharam-nos e levaram-nos para a prisão (os Lacedemónios matam à noite aqueles que tiverem de matar; nunca matam ninguém durante o dia[11]).
3 Quando os Mínias estavam prestes a ser condenados, as suas esposas,

---

[8] Ao chegarem a Lemnos, os Argonautas encontraram sozinhas as mulheres da ilha (que por vingança tinham matado todos os homens) e geraram uma ampla descendência. Cf. Píndaro, *Pítica* 4. 252 sq.; Apolónio de Rodes 1.607 sq.; Apolodoro 1. 9. 17.

[9] Entre os Argonautas de que descendiam os Mínias de Lemnos, contam-se Castor e Pólux, filhos do rei espartano Tíndaro, e Eufemo, antepassado de Bato (cf. Heródoto 4. 150).

[10] O acolhimento de estrangeiros como cidadãos era difícil em Esparta (cf. Heródoto 9. 33-35; Aristóteles, *Política* 2. 9. 1270 a, 1274 a 34 sq.) – por isso o historiador relaciona esta inesperada hospitalidade com os Dioscuros, filhos de Tíndaro, em virtude de estes serem muito venerados em Esparta (cf. A. Corcella, p. 336).

[11] Ao falar sobre a pena de morte em Esparta, Douglas M. MacDowell (*Spartan Law*, Edinburgh, Scottish Academic Press, 1986, pp. 144-146) alude a este passo de Heródoto, observando que, embora se trate de uma lenda, é possível que o historiador lhe tenha associado as práticas da justiça espartana do seu tempo: talvez no século V a.C. as execuções ocorressem na prisão, à noite, eventualmente para esconder a vergonha da condenação à morte. Esta hipótese parece encontrar eco nas palavras de Plutarco acerca da pena de morte no século III a.C., a propósito de Ágis (*Ágis* 19. 8): sendo-lhe atribuída a pena capital, foi levado para a prisão, para a cela destinada aos condenados à morte, infligida por meio de estrangulamento. Nem sempre contudo este teria sido o *modus faciendi*: conta Pausânias (4. 18. 4-5) que vários messénios, destinados à pena capital, foram atirados ao poço Ceadas; e Tucídides (1. 134. 4) refere que os éforos decidiram deixar nesse poço o corpo de um réu que morrera de fome antes do julgamento. É provável que a morte por afogamento tenha precedido aquela a que alude Plutarco, em vigor no

que eram cidadãs e filhas dos mais importantes de entre os Espartanos, pediram para ir à prisão, para que cada uma pudesse falar com o marido. Concederam-lhes esse favor, supondo que nenhum ardil delas poderia advir. Mas ao entrarem no cárcere, as mulheres fizeram o seguinte: entregando aos maridos toda a roupa que levavam, vestiram as roupas deles – envergando vestes femininas, os Mínias saíram como se fossem as esposas, e assim fugiram, chegando ao Taígeto[12].

Foi nesta mesma altura que Teras, filho de Autésion (que era filho de Tisâmeno, por sua vez filho de Tersandro, filho de Polinices), saiu da Lacedemónia para fundar uma colónia. Da raça de Cadmo[13], este Teras era irmão da mãe de Eurístenes e Procles, filhos de Aristodemo[14], e enquanto estes eram ainda crianças, detinha a regência em Esparta. Quando os sobrinhos cresceram e tomaram o poder, então Teras começou a pensar que seria terrível ser governado por outros, depois de ter experimentado o poder: não quis ficar na Lacedemónia e disse que iria navegar rumo aos da sua estirpe, que viviam na ilha agora chamada Tera e antes Caliste[15] – a mesma em que se encontravam os descendentes de

---

século III a.C., e não é de rejeitar a hipótese de a transição ter ocorrido antes do tempo de Heródoto (que não alude ao poço dos condenados).

[12] Um escólio a Píndaro (*Pítica* 4. 88 – *Scholia Vetera in Pindari Carmina*, ed. A. B. Drachmann, Lipsiae, Teubner, 1910, vol. II, pp. 109-110) atesta a existência de uma variante deste episódio, em que o estratagema para a fuga não é protagonizado pelas esposas, mas pelas mães dos condenados. A versão da história apresentada por Heródoto figura parcialmente num dos fragmentos de Polieno (8. 71), que noutro passo (7. 49) enaltece a coragem das esposas dos Pelasgos ou Tirrénios (que habitaram Lemnos e colonizaram Melos e Creta), narrando uma história algo distinta: exilados pelos Atenienses, os Tirrénios instalaram-se no Ténaro, onde se aliaram aos Espartanos contra os hilotas; obtiveram a cidadania, mas foram excluídos das magistraturas e da Gerúsia; insistiram em ampliar os direitos políticos e foram presos como revolucionários; as esposas foram visitá-los, trocaram de roupas com eles e ficaram na prisão, dispostas a sofrer para que eles pudessem fugir disfarçados – em retribuição desse gesto de amor, os homens incitaram os hilotas à revolta e obtiveram dos Espartanos não só a libertação das mulheres, como ainda dinheiro e barcos, e o direito a partirem em paz, como colonos da Lacedemónia. Cf. ainda Valério Máximo 4. 6. 3; Plutarco, *Moralia* 247, 296 b. Outros estratagemas baseados em disfarces de homens com roupas femininas figuram, e. g., em Heródoto 5. 18-20 e Plutarco, *Sólon* 10.

[13] Teras era descendente do fenício Cadmo (fundador de Tebas), em virtude de ser trineto de Polinices (filho de Édipo e bisneto de Cadmo) e a sua família (os Egidas – cf. Heródoto 4. 149) está aparentada com os Cadmeus da Beócia (Heródoto 5.57-61; Pausânias 9. 5. 10-15). Natural de Tebas, Autésion, pai de Teras, partira para Esparta em obediência a um oráculo (cf. Pausânias 9. 5. 8).

[14] A irmã de Teras, casada com o rei espartano Aristodemo, chamava-se Argia (cf. Heródoto 6. 52).

[15] Tencionava ir para junto de descendentes de Fenícios. Cf. Pausânias 3.1. 7-8; escólio a Píndaro, *Pítica* 4, 11 (fundação de templos em Tera, por iniciativa de Cadmo).

121

Membliaro, o filho de Péciles, que era um homem da Fenícia. Também Cadmo, o filho de Agenor, ao procurar Europa, chegara à ilha que agora se chama Tera. E quando aí chegou, ou porque a terra lhe agradou, ou por qualquer outra razão, decidiu fazer o que realmente fez: resolveu deixar na ilha Membliaro, um dos homens da sua linhagem, e mais alguns dos Fenícios. Eram estes que povoavam já a ilha então chamada Caliste, com a sua linhagem, oito gerações de homens[16], antes de Teras deixar a Lacedemónia. Foi ao seu encontro que Teras se dirigiu, levando consigo uma multidão proveniente de todas as tribos, para aí viver com eles – de modo algum para os expulsar, mas para conviver com eles em família. Ora quando os Mínias, depois de conseguirem escapar da prisão, se fixaram no Taígeto, e os Lacedemónios quiseram matá-los, Teras pediu que não houvesse chacina e ele próprio se comprometeu a levá-los para fora daquela terra. Como os Lacedemónios apoiaram esta sua decisão, com três grandes naus[17] navegou rumo aos descendentes de Membliaro, sem levar consigo todos os Mínias, mas apenas alguns deles: os outros (a maior parte), tinham ido para a região dos Paroreatas e dos Caucones[18] e, depois de expulsarem estes da sua própria terra, dividiram-se em seis grupos e fundaram as cidades de Lépreo, Macisto, Frixas, Pirgo, Épio e Núdio – a maior parte das quais, no meu tempo, os Eleus devastaram[19].

Acerca da presença dos Fenícios no Egeu, vide G. Bunnens, *L'expansion phénicienne en Mediterranée*, Bruxelles, 1979; A. Corcella, pp. 337-338. Caliste (etimologicamente, "a mais formosa") corresponde a Santorini. Acerca da diversidade de nomes da ilha, cf. Heródoto 4. 148; Píndaro, *Pítica* 4. 258; Apolónio de Rodes 4. 1755-1764; Estrabão 8. 3. 19 e 17. 3. 21.

[16] Este número de gerações seria eventualmente referido por fontes provenientes de Tera; para Heródoto, nove gerações decorrem entre Cadmo e Teras (Cadmo, Polidoro, Lábdaco, Laio, Édipo, Polinices, Tersandro, Tisâmeno, Autésion, Teras), num espaço de aproximadamente 300 anos. Cf. 4. 147 e 5. 59-60. Acerca da contagem de gerações na tradição oral, vide J. Gould, *Herodotus*, London, Weidenfeld and Nicolson 1989, pp. 39-40.

[17] Três *triaconteres:* a τριακοντήρης era uma grande nau de trinta remos, adequada a curtas travessias ou cabotagem.

[18] Os Caucones eram uma antiga tribo (talvez pré-dórica) da região da Trifília, na parte ocidental do Peloponeso. Habitavam uma estreita faixa costeira junto das montanhas da Arcádia – daí nasceu a designação de Paroreatas ("os que vivem junto das montanhas", de παρά e ὄρος). Cf. Estrabão 8. 3. 18; Heródoto 8. 73.

[19] As referidas cidades situavam-se na região costeira do Peloponeso ocidental, a norte da Messénia e a oeste da Élide, entre o Alfeu e o Neda. Lépreo ficava junto do rio Neda; Frixas, a leste de Olímpia; Macisto corresponderá à actual localidade de Samikon; Épio seria a nordeste; Pirgo, a norte do Neda; incerta parece ser a localização da cidade de Núdio. Cf. A. Corcella, p. 339. Na segunda metade do século V a.C., à excepção de Lépreo, toda esta região foi dominada pelos Eleus (cf. Xenofonte, *História Grega* 3. 2. 22-31; Estrabão 8. 3. 30-33). As cidades devem ter sido destruídas durante a terceira guerra messénica (entre 469 e 460 a.C.).

A ilha de Caliste tomou então o nome de Tera, derivado do nome do seu colonizador[20]. O filho de Teras não se mostrara disposto a embarcar com o pai, pelo que este lhe disse que o iria abandonar "tal como uma ovelha aos lobos". Foi a partir desta expressão que o jovem ganhou o nome de Eólico, nome que lhe ficaria doravante associado[21].

149.1

De Eólico, nasceu Egeu, do qual deriva o nome dos Egidas, uma grande tribo de Esparta[22]. Como os seus filhos não sobreviviam, os homens desta tribo, obedecendo a um oráculo, erigiram um santuário às Erínias de Laio e de Édipo, e desde então, as crianças passaram a sobreviver[23]. O mesmo aconteceu em Tera aos descendentes destes homens.

2

Até este ponto do meu relato, os Lacedemónios contam o mesmo que os habitantes de Tera; a partir daqui, os Tereus são os únicos que afirmam que aconteceu o seguinte. Grino, filho de Esânio, que era descendente desse tal Teras e que reinava na ilha de Tera, foi a Delfos levando consigo da cidade uma hecatombe. Com ele iam também outros cidadãos, entre os quais Bato, filho de Polimnesto, que era da estirpe de Eufemo, um dos Mínias. Apesar de Grino, rei dos Tereus, consultar o oráculo acerca de outras coisas bem diferentes, a Pítia disse-lhe em resposta que fundasse uma colónia na Líbia[24]. Ao que ele retorquiu,

150.1

2

3

---

[20] Segundo Pausânias (3. 1. 8, 3. 15. 6, 4. 7. 8), Teras era venerado em Tera, como fundador da cidade.

[21] Abandonado por Teras, Eólico deixaria de poder contar com o precioso auxílio paterno em qualquer circunstância adversa que o destino doravante lhe apresentasse. O episódio descrito por Heródoto justifica uma etimologia sugerida pelo historiador ou por alguma das suas fontes: o nome próprio Οἰόλυκος derivaria de οἶος (ovelha) e λύκος (lobo); A. Corcella (p. 340) relaciona o elemento inicial do antropónimo Eólico com o adjectivo οἶος "solitário, só", dando-lhe o sentido de "lobo solitário".

[22] Os Egidas não eram propriamente uma tribo, mas um clã. Cada tribo era composta por três clãs ou fratrias, cada um deles governado pelo mais directo descendente do antepassado comum, que acumulava as funções de sacerdote, chefe militar e legislador. A tradição de Tera relaciona, nesta versão, a sua origem com Esparta, mediante um antepassado comum – Teras. A referência a Egeu justifica a importância que este assumia no culto espartano. Pausânias (3. 15. 8) refere que havia em Esparta dois *heroa* dedicados a Egeu e Eólico, mandados erigir pelos descendentes de Egeu.

[23] Erigir um santuário a estas Erínias era uma tentativa de apaziguar a ira divina a que se atribuía a morte dos recém-nascidos. Sobre os descendentes de Édipo, pesava a maldição por ele lançada contra os filhos (cf. Ésquilo, *Sete contra Tebas* 70), depois de perseguido pelas Erínias de seu pai Laio, a quem assassinara. Como símbolos da maldição invocada por um pai contra a descendência do filho, no intuito de a aniquilar, as Erínias são também mencionadas na *Ilíada* (9. 453).

[24] Acerca do papel dos oráculos na colonização grega, *vide* M. Lombardo, "Le concezioni degli antichi sul ruolo degli oracoli nella colonizzazione greca", *Ricerche sulla colonizzazione greca, ASNP*, 1972, pp. 63 sq.

151.1

4 dizendo: "Mas eu, Senhor, estou já muito velho e cansado para tal me ser exigido; ordena então a um dos mais novos que se encarregue dessa missão". E ao mesmo tempo que tal dizia, apontava para Bato[25]. Nessa altura, foi isso que aconteceu; mas, assim que se foram embora, não fizeram mais caso do oráculo: não sabiam sequer em que parte do mundo ficava a Líbia, nem ousavam planear uma colonização e enviar gente para parte incerta. Durante sete anos a partir deste episódio[26], não choveu em Tera, e todas as árvores que na ilha existiam secaram, à excepção de uma[27]. Aos Tereus que foram consultar o oráculo, a Pítia voltou a falar

2 na fundação de uma colónia na Líbia[28]. Como não havia coisa alguma que lhes pudesse solucionar o problema, enviaram então mensageiros a Creta[29], para averiguarem se algum dos Cretenses ou dos que com eles habitavam já tinha ido até à Líbia. Percorrendo Creta, eles chegaram à cidade de Ítano[30], onde falaram com um homem (um pescador de púrpura, chamado Coróbio) que lhes contou que, desviado pelos ventos, tinha

3 ido parar à Líbia – à ilha de Plátea, na Líbia[31]. Em troca de uma recompensa, conseguiram convencer este homem e levaram-no para Tera. De Tera saíram então alguns homens (de início, não muitos), que se fizeram ao mar, para tomarem contacto com a referida região. Depois de Coróbio os ter conduzido à ilha de Plátea, decidiram deixá-lo aí, com alimentos para alguns meses, enquanto eles próprios navegavam o mais

---

[25] Na versão dos Tereus, Bato é escolhido pelo rei de Tera (e não pela divindade), o que sublinha o papel desempenhado por esta cidade na fundação de Cirene. Segundo os Cireneus (4. 155), a realeza coube a Bato por desígnio dos deuses.

[26] Particularmente comum na ficção, o número sete figura em outros passos da obra de Heródoto, para delimitar espaços de tempo: 2. 133 (o oráculo prediz a morte de um monarca, no sétimo ano de reinado); 3. 129 (a doença aflige Dario durante sete dias, até o médico Democedes vir à sua presença); 4. 14 (Arístees reaparece, no sétimo ano após a sua morte); 4. 158 (a fundação de Cirene ocorre no sétimo ano após o estabelecimento em Azíris); 6. 12 (a revolta dos Iónios ocorre após seis dias de preparação); 7. 56 (a travessia do Helesponto exige ao exército de Xerxes sete dias e sete noites).

[27] Na versão de Justino (13. 7), a cidade é atormentada por uma epidemia.

[28] Conotada pela lenda como punição para apressar a concretização da ordem imposta pelo oráculo, esta seca prolongada poderá ter sido o real motivo que determinou a colonização.

[29] Era célebre a talassocracia cretense. Cf. Heródoto 3. 122.

[30] Na extremidade oriental da ilha de Creta, Ítano (a actual Erenópolis) tinha uma localização propícia a relações com Chipre, com a Fenícia, o Egipto e a Líbia. É natural que houvesse contactos regulares entre Creta e a Líbia, desde a época micénica, embora Heródoto apenas sugira uma deslocação ocasional de Coróbio, desviado por ventos que o arrastaram até àquela ilha. Cf. A. Corcella, p. 342.

[31] A actual ilha de Bomba, no golfo do mesmo nome, a oeste de Tobruk.

rapidamente possível para falarem daquela ilha aos Tereus. Em virtude 152.1 de se demorarem mais do que o tempo previsto, Coróbio ficou sem mantimentos. Nessa altura, uma nau de Samos, que tinha por comandante Coleu e seguia rumo ao Egipto[32], foi desviada para essa tal ilha de Plátea. Ao ouvirem toda a história de Coróbio, os Sâmios deixaram-lhe alimentos para um ano. Quando saíram da ilha, na intenção de seguirem para o 2 Egipto, durante a viagem foram desviados da sua rota por um vento de leste. O vento não parava: passando as Colunas de Hércules, chegaram a Tartesso, conduzidos por uma vontade divina[33]. Este empório era ainda, 3 naquele tempo, um porto inexplorado[34], de tal modo que, ao regressarem à sua terra, eles obtiveram grande lucro com as mercadorias que levavam, um lucro superior ao de todos os outros Gregos de que temos conhecimento preciso (pelo menos depois de Sóstrato, o Egineta, filho de Laodamante, que nenhum outro poderá suplantar)[35]. Com a dízima 4 do lucro, seis talentos[36], os Sâmios fizeram um vaso de bronze, em forma de um *cráter* argólico, com várias cabeças de grifo salientes a toda a volta, e ofereceram-no ao templo de Hera, onde o colocaram sobre três colossos de bronze ajoelhados, de sete côvados cada um[37]. Para os 5 Cireneus e para os Tereus, nasceram a partir da atitude de Coleu, as primeiras grandes relações de amizade para com os Sâmios.

Deixando Coróbio na ilha de Plátea, os marinheiros tereus 153.1 regressaram a Tera e contaram como tinham colonizado uma ilha na

---

[32] É possível que Coleu percorresse a rota Rodes-Egipto, a que alude Estrabão (2. 5. 24). O caminho de Samos para o Egipto passava por Rodes e Chipre. Cf. Heródoto 2. 182; Tucídides 8. 35. 2.

[33] O patrocínio dos deuses na viagem poderá sugerir a facilidade do percurso (cf. *Ilíada* 6. 171; *Odisseia* 5. 32).

[34] Inexplorada pelos Gregos, como Heródoto afirma, Tartesso, na foz do Guadalquivir, seria já então uma zona comercial bem conhecida pelos Fenícios. Cf. G. Shipley, *A History of Samos 800-188 B.C.*, Oxford, 1987, pp. 54-65; D. Asheri, *La Lidia e la Persia*, pp. 357-358 (nota a Heródoto 1. 163. 6), com referências bibliográficas.

[35] Este bem sucedido comerciante poderá ser o ofertante de uma âncora datada do final do século VI a.C., descoberta no templo de Hera em Gravisca (Tarquínia). Cf. M. Torelli, *PP 26*, 1971, pp. 44-67; P. A. Gianfrotta, *PP 30*, 1975, pp. 311-318; F. D. Harvey, *PP 30*, 1976, pp. 206-214.

[36] Cerca de 155, 5 kg de prata.

[37] Vasos de bronze ornamentados com grifos eram peças frequentes na Grécia, durante toda a fase arcaica, sobretudo como ex-votos em grandes templos. De modelo oriental, muitos eram fabricados no Peloponeso, facto de que deriva a designação de "vasos argólicos". Imagens colossais de grifos descobertas em Samos e Olímpia comprovam a existência de oferendas de avultadas dimensões, como as do conjunto votivo mencionado por Heródoto (que mediria 4, 5 m ou 4, 8 m). Cf. A. Corcella, p. 344.

Líbia. Os Tereus decidiram então enviar para lá um por cada dois irmãos[38], tirando à sorte de entre os homens de todas as regiões, que eram sete; decidiram ainda que fosse Bato o seu rei e senhor. E assim enviaram duas grandes naus para Plátea[39].

154.1   Isto é o que contam os Tereus; quanto aos restantes pormenores da história, os Tereus estão de acordo com os Cireneus. No que diz respeito às questões acerca de Bato, é que os Cireneus não dizem, de modo algum, o mesmo que os Tereus[40], pois contam a história que se segue. Oaxo é uma cidade de Creta[41], em que reinou Etearco. Tinha este uma filha, orfã de mãe, chamada Fronima, por causa da qual[42] desposou outra mulher.

2   Mas logo de início, assim que chegou, esta mulher achou-se no direito de agir como madrasta em relação a Fronima: fazia-a sofrer, maquinava toda a espécie de planos contra ela, até que por fim a acusou falsamente de conduta imoral e lasciva, convencendo o marido de que tudo isso era verdade. Persuadido pela mulher, ele planeou algo de ímpio contra a

3 filha. Havia em Oaxo um homem de Tera, um comerciante chamado Témison. Recebendo-o como hóspede, Etearco fê-lo jurar que faria tudo quanto pelo seu rei lhe fosse pedido. Depois de o ter feito prestar juramento, levou até ele a princesa sua filha e entregou-lha, ordenando

4 que a levasse para bem longe e a abandonasse no mar. Ora Témison, descontente e revoltado com a artimanha do juramento, esqueceu os laços de hospitalidade e fez o seguinte: levando consigo a jovem, partiu na sua nau; em pleno mar alto, para cumprir a obrigação implicada pelo juramento a Etearco, amarrou-a com cordas e lançou-a às águas; mas pouco depois retirou-a e partiu com ela para Tera.

---

[38] A expressão utilizada por Heródoto (ἀδελφεὸν ἀπ' ἀδελφεοῦ) significa literalmente "um irmão de um irmão", o que poderá querer dizer que partiria um por cada dois irmãos, que apenas partiriam homens que tivessem pelo menos um irmão, ou que de cada família sairia um de entre os irmãos para a nova colónia. Uma inscrição de Cirene datada do século IV a.C., que alude a um acordo com Tera acerca do envio de colonos, refere-se ao envio de um filho varão por família. A sua autenticidade é porém incerta, e tanto poderia ter estado na base do que é referido por Heródoto, como depender do relato do historiador ou das fontes de Tera. Cf. A. Corcella, p. 345. P. Legrand (p. 171) sugere a tradução "un frère sur deux".

[39] Duas *pentaconteres*: a πεντηκοντήρης era uma nau de cinquenta remos, pelo que o total dos homens enviados rondaria os cento e cinquenta, número de habitantes significativo para a pequena ilha de Tera.

[40] As diferenças entre as duas versões da história correspondem aos capítulos 154--156; a partir do capítulo 157, o testemunho das duas cidades não devia apresentar divergências.

[41] Oaxo corresponde actualmente a Axos, a cerca de trinta quilómetros a oeste de Cnosso e a sudoeste de Hiraklion.

[42] Ἐπὶ ταύτῃ – por ela, pela filha, para de algum modo suprir a falta da mãe.

Aí a acolheu então Polimnesto, um homem bem conceituado entre **155**.1
os Tereus, que a tomou como sua concubina. Passado algum tempo, teve
dela um filho entaramelado e tartamudo a quem foi posto o nome de
Bato, segundo contam os Tereus e os Cireneus[43]; mas, em minha opinião,
teria outro nome, e só quando foi para a Líbia passou a chamar-se Bato[44] – 2
um nome que ele próprio criou, a partir do oráculo recebido em Delfos
e das honras que obteve: os Líbios chamam ao rei "bato" e terá sido por
isso (penso eu) que a Pítia, ao proferir o oráculo, assim lhe chamou,
falando na língua dos Líbios, por saber que ele viria a ser rei na Líbia. Assim 3
que se tornou homem, ele foi a Delfos por causa da fala. Perante as suas
perguntas, a Pítia respondeu-lhe deste modo: "Vieste, *ó Bato*, por causa
da voz; mas o divino Febo Apolo envia-te como colonizador, para a
Líbia que tantas ovelhas nutre", como se lhe dissesse em língua grega:
"Vieste, *ó rei*, por causa da voz...". Ao que ele retorquiu com estas 4
palavras: "Senhor, vim, de facto, para te consultar acerca da voz, e tu
respondes-me, falando de outras coisas (coisas impossíveis) e ordenando-
-me que vá fundar uma colónia na Líbia. Mas com que exércitos, com
que forças?" Assim falou, mas a Pítia nada mais lhe respondeu[45]: enquanto
ela insistia em profetizar o mesmo que antes dissera, Bato foi-se embora,
partindo para Tera. Mas sobre ele e sobre os demais Tereus viriam depois **156**.1
a recair as represálias. Sem perceberem as vicissitudes sofridas, os Tereus
mandaram a Delfos uma embaixada por causa dos males que lhes
aconteciam, e a Pítia respondeu-lhes que melhor seria para eles que 2
fundassem com Bato a colónia de Cirene, na Líbia[46]. Os Tereus enviaram
então Bato com duas naus[47]. Mas embora tivessem navegado rumo à
Líbia, nada mais conseguiram fazer e voltaram de novo para Tera.
Estavam prestes a desembarcar, quando os Tereus os atacaram: não 3
consentiam que eles aportassem, mandando-os de novo para o mar[48].

---

[43] Polimnesto é também o nome do pai de Bato, na versão de Píndaro (*Pítica* 4. 104) e dos Tereus (Heródoto 4. 150).

[44] Píndaro (*Pítica* 5. 87, 116) chama-lhe Aristóteles. O antropónimo Bato, que pode ter surgido como uma espécie de cognome, associado à lalopatia deste rei (cf. βατταρίζω), poderá ter-se depois convertido em nome próprio, tornando-se recorrente entre os seus sucessores, em alternância com Arcesilau.

[45] Segundo Pausânias (10. 5. 7; cf. Píndaro, *Pítica* 5. 57), Bato teria também encontrado no oráculo a solução para os problemas de fala que o tinham levado à presença da Pítia.

[46] Na versão de Diodoro (8. 29), o nome da futura colónia figura também no primeiro oráculo que a Pítia transmite a Bato.

[47] Cf. *supra* nota 39.

[48] Na sua *História da Líbia*, Ménecles de Barce (F. Jacoby, *FGrHist* 270) relaciona a origem de Cirene com uma guerra civil em Tera, durante a qual alguns dos habitantes da cidade foram expulsos.

Assim impelidos, percorreram de novo o mar e fundaram uma colónia numa ilha situada na Líbia, que tinha (como antes se referiu[49]) o nome de Plátea. Diz-se que esta ilha é do mesmo tamanho que a actual cidade dos Cireneus.

157.1 Aí viveram durante dois anos, mas nada de bom lhes acontecia. Por isso, deixando ficar um dos homens na ilha[50], os restantes navegaram para Delfos. Ao chegarem ao oráculo, puseram as suas questões, dizendo que habitavam na Líbia e que nada de melhor lhes acontecia por aí 2 habitarem. Ao que a Pítia lhes respondeu: "Se tu, sem lá ires, conheces a Líbia que tantas ovelhas nutre, melhor do que eu, que já lá fui, então admiro realmente a tua enorme sabedoria."[51] Ao ouvirem estas palavras, todos os que estavam com Bato, com ele voltaram a embarcar: o deus não os deixaria em paz por causa da fundação de uma colónia, antes que 3 eles chegassem realmente à Líbia. Voltaram então à ilha, levaram consigo o homem que aí tinham deixado ficar e fundaram em frente da ilha uma colónia, numa região da Líbia com o nome de Azíris[52], cercada por belíssimos vales cobertos de arvoredo, e com um rio, que corre numa 158.1 das suas extremidades. Habitaram este território durante seis anos. No sétimo ano, os Líbios induziram-nos a partir, iludindo-os com falsas 2 promessas de que os conduziriam a outro lugar melhor. Levaram-nos então para ocidente, mas para que, ao atravessarem a mais bela das regiões, os Gregos nem dela se apercebessem, calcularam a hora, de modo a conduzi-los durante a noite, por essa região, que tem o nome de 3 Irasa[53]. Levando-os até àquela que é chamada a fonte de Apolo[54], disseram-lhes: "Homens da Grécia, é para vós imperioso habitar neste local, pois é aqui que o céu se rasga.[55]"

---

[49] Cf. 4. 151.

[50] Tal como Coróbio, na versão dos Tereus (cf. *supra* 151. 3).

[51] Falando em nome de Apolo, a Pítia dirige-se a Bato. Ficando em Plátea, numa ilha, os colonos não tinham de facto chegado verdadeiramente à Líbia, i.e., ao continente. O conhecimento da Líbia que Apolo para si reivindica pode estar relacionado com o mito de Apolo e Cirene (cf. Píndaro, *Pítica* 9. 18-69).

[52] Calímaco refere-se a uma localidade denominada Ἄζιλις (*Hino a Apolo* 89), Ptolemeu (*Geografia* 4. 5.2) alude a Ἄζαλις. A cento e cinquenta estádios a leste de Darnis e a cem estádios do cabo Querseneso, na foz do Wadi el-Khalig, foram encontrados vestígios de um povoamento grego com cerâmica do séc. VII a.C. (cf. A. Corcella, p. 349).

[53] Também citada por Píndaro (*Pítica* 9. 106) e por Ferecides (F. Jacoby, *FGrHist* 3 F 75), Irasa poderá corresponder à actual Erasem, a noroeste do golfo de Bomba.

[54] A fonte de Cire (referida por Píndaro, *Pítica* 4. 294), junto da qual se erigiu o templo de Apolo.

[55] A frase alude à pluviosidade da região (cf. Píndaro, *Pítica* 4. 52).

159.1 Durante a vida de Bato, o fundador da colónia, que aí reinou durante quarenta anos, e durante a vida do seu filho Arcesilau, que governou dezasseis anos[56], os Cireneus que aí viviam eram tantos quantos os que para lá se tinham deslocado no início da colonização[57]. Mas no reinado 2 do terceiro monarca, Bato, a quem chamavam o Afortunado[58], a Pítia, num oráculo, impeliu todos os Gregos a navegar rumo à Líbia, para aí habitarem com os Cireneus[59], e os próprios Cireneus convidavam à partilha das terras. O oráculo falou nestes termos: "Aquele que para a 3 bem-amada Líbia vier, depois de as terras terem sido distribuídas, esse, digo-vos eu que um dia se há-de arrepender desse atraso." Quando uma 4 grande multidão se encontrava já reunida em Cirene, os Líbios que habitavam em redor e o seu rei (que tinha o nome de Adícran[60]) sentiram-se de tal modo privados das suas terras e de tal modo ultrajados pelos Cireneus, que enviaram uma embaixada ao Egipto e se submeteram a Apries, o rei dos Egípcios. Este reuniu então um numeroso exército e 5 mandou-o avançar contra Cirene. Mas os Cireneus avançaram também com tropas para a região de Irasa, e junto da fonte de Teste lutaram contra os Egípcios vencendo a batalha[61]. Os Egípcios, que nunca tinham 6 avaliado a força dos Gregos e os tinham menosprezado[62], sofreram uma tal derrota, que foram poucos os que conseguiram regressar ao Egipto. Por tudo isto, censurando Apries por tais acontecimentos, os Egípcios revoltaram-se contra ele[63].

Este Bato teve por filho Arcesilau, que logo no início do seu reinado **160.**1 se revoltou contra os irmãos[64]. A tal ponto que estes o deixaram, partindo

---

[56] Cirene foi fundada em 631 a.C. por Bato I, que aí reinou até 591 a.C.; Arcesilau I, seu filho, terá governado entre 591 e 575 a.C.

[57] Até cerca de 580 a.C., final do reinado de Arcesilau, a população pouco teria aumentado, em comparação com a explosão demográfica ocorrida no reinado seguinte.

[58] Entre 575 e 560 a.C.

[59] Este Bato deve ter reinado pelo menos até 570 a.C., data da batalha de Irasa. O acolhimento de novos colonos teve provavelmente o intuito de reforçar o poder do monarca perante a aristocracia de Tera.

[60] Sem nenhuma outra atestação, este antropónimo apresenta a terminação -*an*, característica de muitos nomes próprios da Líbia. Cf. A. Corcella, p. 351.

[61] A batalha deve ter ocorrido em 571 ou 570 a.C.; a fonte de Teste é desconhecida.

[62] Embora nunca tivessem lutado contra tropas gregas, os Egípcios deveriam conhecer-lhes a fama: conta Heródoto (1. 8-13) que o rei lídio Giges enviou a Psamético I (que reinou entre 663 e 609 a.C.) mercenários gregos e cários, para ele se aliarem na guerra contra os Assírios.

[63] Acerca desta revolta que determinou a queda de Apries e a ascensão de Amásis, cf. Heródoto 2. 161-163, 169.

[64] Arcesilau II deve ter reinado entre 560 e 550 a.C., na sequência de conflitos dinásticos com os irmãos.

para outra região da Líbia, onde por sua própria iniciativa fundaram a cidade de Barce[65] (ainda hoje assim chamada, tal como então) – e ao fundá-la, começaram, ao mesmo tempo, a revoltar os Líbios contra os
2 Cireneus. Arcesilau avançou então contra aqueles de entre os Líbios que tinham acolhido os irmãos e que se tinham revoltado. Com medo dele,
3 os Líbios partiram, fugindo para a zona oriental da Líbia. Arcesilau perseguiu os fugitivos, e em sua perseguição chegou até Lêucon da Líbia[66], onde os Líbios decidiram avançar contra ele. Lutando valorosamente, suplantaram de tal modo os Cireneus, que sete mil hoplitas
4 de Cirene aí morreram em combate. Após esta derrota, quando Arcesilau já se encontrava agonizante por ter ingerido um fármaco, o seu irmão Learco estrangulou-o; à traição, a mulher de Arcesilau (de seu nome Erixo), matou Learco[67].

161.1 Quem sucedeu no trono a este Arcesilau foi o seu filho Bato[68], que era coxo, vítima de uma malformação dos membros inferiores. Por causa da desgraça que sobre eles se tinha abatido, os Cireneus enviaram a Delfos uma embaixada, para averiguar que tipo de leis deveriam
2 estabelecer, para viverem mais felizes. A Pítia ordenou que mandassem vir um legislador escolhido entre os Árcades de Mantineia[69]. Os Cireneus assim lhes pediram e os de Mantineia apresentaram-lhes um dos mais conceituados dos seus concidadãos, um homem chamado Demónax[70].
3 Ao chegar a Cirene, depois de tomar conhecimento de todos os pormenores da situação, dividiu a população em três tribos, repartindo-a do seguinte modo: com os Tereus e os que viviam em seu redor, criou um grupo; juntou noutro os Peloponésios e os Cretenses; o terceiro grupo era constituído por todos os habitantes das ilhas. Além disso, reservando para o rei Bato os recintos sagrados e o poder sacerdotal, atribuiu ao povo, comunitariamente, tudo o mais que até então os reis detinham[71].

---

[65] Estêvão de Bizâncio (*s.v.* Βάρκη) refere como fundadores de Barce quatro irmãos: Perseu, Zacíntio, Aristomedonte e Lico.

[66] Talvez próximo do golfo de Sidra, na zona ocidental de Yebel El Achdar.

[67] Cf. Nicolau Damasceno (F. Jacoby, *FGrHist* 90 F 50); segundo Polieno (8. 41), Learco era amigo (e não irmão) de Arcesilau; na versão de Plutarco, o rei teria ingerido como remédio um veneno dado pelo mesmo irmão que o viria a estrangular talvez às ordens de Amásis (*Moralia* 260d-261d).

[68] Bato II reinou entre 550-530 a.C.

[69] Acerca desta fama dos Árcades como legisladores, cf. Políbio 6. 43.

[70] A existência de um regente antes de Bato III é confirmada por Plutarco (*Moralia* 261b).

[71] Oriundo de Mantineia, uma cidade do Peloponeso, Demónax aplica a Cirene o modelo governativo das cidades dóricas. O rei ficava incumbido das funções religiosas, perdendo outras até então exercidas pelos seus antecessores, tais como o poder legislativo

No reinado deste Bato, tudo continuou assim, mas no reinado do 162.1
seu filho Arcesilau[72], houve grandes discórdias por causa das honrarias.
De facto, Arcesilau, filho de Bato (o coxo) e de Feretima, não se resignou 2
a tolerar o que Demónax de Mantineia tinha estabelecido, e reclamou os
privilégios dos seus antepassados. Revoltou-se, pois, mas foi derrotado
e fugiu para Samos, enquanto a sua mãe se refugiava em Salamina de
Chipre[73]. Nessa altura, reinava em Salamina Evélton, que ofereceu a 3
Delfos aquele turíbulo digno de ser visto e que faz parte do tesouro dos
Coríntios[74]. Feretima foi ter com ele e pediu-lhe um exército para voltar
a Cirene. Evélton dava-lhe tudo, menos o exército. Ao receber tudo quanto 4
lhe era oferecido, ela dizia que tudo eram belos presentes, mas mais
belo seria que ele lhe desse o exército que ela lhe pedira. Eram essas as 5
palavras que proferia, perante tudo o que lhe era oferecido. Por fim,
Evélton mandou-lhe de presente um fuso de ouro e uma roca cheia de lã:
quando Feretima voltou a repetir as mesmas palavras, Evélton disse-lhe
que era com coisas desse tipo que se devia presentear as mulheres e não
com um exército[75].

Durante todo este tempo, Arcesilau permaneceu em Samos e com a 163.1
promessa de atribuição de terras ia congregando todos os homens que
por essa zona passavam. Depois de reunir um grande exército, Arcesilau
enviou a Delfos uma embaixada para interrogar o oráculo acerca do seu
regresso à pátria. E a Pítia respondeu com estas palavras[76]: "Durante o 2
reinado de quatro Batos e de quatro Arcesilaus, durante oito gerações de
homens, Lóxias[77] permitiu-vos governar em Cirene; mais do que isso,
não vos aconselha a tentar. Quanto a ti, aconselha-te a ficares sossegado, 3
ao regressares à pátria. Se acaso encontrares o forno cheio de ânforas,

---

e executivo ou a chefia do exército. Pelos seus traços democráticos, que visavam aumentar o poder dos cidadãos e reduzir o do monarca, as reformas de Demónax foram associadas por Aristóteles (*Política* 1319 b 19 sq.) às de Clístenes em Atenas.

[72] Entre 530 e 510 a.C.

[73] Na sequência de tentativas goradas para recuperar o poder que as reformas de Demónax tinham concedido à aristocracia, Arcesilau III e a mãe procuram o auxílio de dois tiranos (Polícrates e Evélton) de duas localidades que deveriam ter fortes ligações comerciais com Cirene. O exílio de Arcesilau em Samos deve ter ocorrido por volta de 530 a.C., pouco depois de Polícrates ter assumido o poder (em 533 a.C.).

[74] Acerca deste turíbulo, *vide* D. Asheri, *La Lidia e la Persia*, pp. 271-272, nota a Heródoto 1. 14. 7.

[75] Pela determinação e pelo espírito belicoso, o comportamento de Feretima lembra o de Artemísia (Heródoto 7. 99, 8. 87-89) e o de Erixo (Heródoto 4. 160).

[76] Outros oráculos similares acerca do fim de uma dinastia figuram em Heródoto, na história dos Mérmnadas (1. 13) e dos Cipsélidas (5. 92 e).

[77] Epíteto de Apolo.

131

não cozas nele as ânforas; deixa-as antes partir com vento favorável. Se, pelo contrário, as cozeres no forno, não vás para o recinto cercado de água, ou tu próprio morrerás e contigo o mais belo touro"[78].

164.1 Foi esta a resposta que a Pítia deu a Arcesilau, e ele regressou com os Sâmios a Cirene. Controlando perfeitamente todos os acontecimentos, nunca mais se lembrou do oráculo e satisfazia nos adversários políticos
2 a sede de vingança pelo seu exílio. Alguns deles abandonaram de vez a região; outros houve que Arcesilau conseguiu apanhar: mandou-os para Chipre, para serem condenados à morte[79], mas foram desviados pelos ventos para a região dos Cnídios, que os salvaram e os encaminharam para Tera[80]. Outros ainda refugiaram-se numa grande torre que era propriedade privada de Aglómaco: Arcesilau amontoou lenha a toda a
3 volta e deitou-lhes fogo[81]. Reconhecendo, depois de todos estes actos, que tudo não passava afinal da profecia do oráculo, decidiu sair de Cirene, por recear a morte vaticinada, supondo que a região cercada de água era
4 Cirene. Ora acontece que ele tinha por esposa uma sua parente, filha do rei dos Barceus, chamado Alazir; e foi precisamente ter com este, quando alguns homens de Barce e alguns dos que tinham fugido de Cirene, se aperceberam dele na ágora e o mataram juntamente com o sogro. E foi assim que Arcesilau, que voluntária ou involuntariamente ignorara o oráculo, cumpriu o seu destino[82].
165.1 Enquanto Arcesilau viveu em Barce (depois de ter feito pelas próprias mãos a sua desgraça), Feretima, sua mãe, usufruía dos privilégios do filho em Cirene, gerindo todos os assuntos e participando na
2 assembleia deliberativa. Ao saber que o filho tinha sido morto em Barce, fugiu para o Egipto: por parte de Arcesilau sempre tinham sido prestados bons serviços a Cambises, filho de Ciro; fora o próprio Arcesilau quem
3 entregara Cirene a Cambises e lhe fixara um tributo[83]. Ao chegar ao

---

[78] O sentido do oráculo (que fatidicamente escapa ao mortal que o consulta) esclarece--se no parágrafo seguinte, perante a concretização dos factos enigmaticamente vaticinados, quando já nada se pode fazer para alterar a força do destino.

[79] Talvez os tivesse enviado para Chipre, para os entregar à vingança de Feretima, sua mãe, que aí se encontrava, na corte do rei Evélton.

[80] Por ser a pátria dos seus antepassados, como metrópole de Cirene.

[81] Idêntica atitude contra os inimigos figura em Xenofonte (*História Grega* 7. 2. 8) e no *Segundo Livro dos Macabeus* (10. 36).

[82] O oráculo de Apolo concretizava-se: o "touro", a vítima imolada, era o rei Alazir; os Cireneus opositores de Arcesilau queimados na torre eram "as ânforas no forno"; ao fugir do fatídico local rodeado de água (que supunha ser Cirene), Arcesilau fugira para Barce, que as águas também banhavam na estação chuvosa.

[83] Cf. Heródoto 3. 13. Cirene foi submetida em 525 a.C., na altura da campanha de Cambises contra o Egipto, sem que Arcesilau III tenha oferecido resistência (Heródoto

Egipto, Feretima tornou-se suplicante de Ariandes, pedindo-lhe que a protegesse e vingasse, argumentando que fora justamente por ser amigo dos Medos que o seu filho tinha sido morto.

Esse Ariandes era governador do Egipto. Nomeado por Cambises, viria a ser morto, na época que se seguiu a estes acontecimentos, por ousar comparar-se a Dario[84]. Sabendo e vendo que Dario desejava deixar, como lembrança de si próprio, algo que jamais tivesse sido feito por outro rei, Ariandes imitou-o e recebeu disso a paga: Dario decidiu cunhar moeda com um ouro que mandara purificar o mais possível; enquanto governador do Egipto, Ariandes fez o mesmo à prata (e ainda agora a prata mais pura é a prata ariândica). Ao saber que ele tinha tido esse procedimento, acusando-o embora de algo diferente (como de se revoltar contra ele), Dario mandou-o matar[85].

Foi este Ariandes que, compadecido de Feretima, lhe deu por exército todas as forças armadas do Egipto, tanto de terra como de mar. Para estratego das tropas de terra, escolheu Amásis, natural da Maráfia; para a marinha, nomeou Badres, que era pasárgada de origem[86]. Antes contudo de mandar partir as forças militares, Ariandes enviou a Barce um arauto, para averiguar quem era o assassino de Arcesilau; e todos os Barceus se responsabilizaram pelo crime[87], por terem sofrido muitos males por culpa dele. Ao tomar conhecimento de tal facto, Ariandes mandou então partir as tropas e com elas Feretima. Mas esta razão era apenas um pretexto para este episódio: as forças militares foram sim

166.1

2

167.1

2

3

---

2. 181). Diferente é a versão de Diodoro (10. 14), segundo a qual os Cireneus se aliaram a Psamético na defesa do Egipto.

[84] Governador do Egipto, este Ariandes deve ser o mesmo a quem Dario, no terceiro ano do seu reinado (c. 519-518 a.C.), confiara a incumbência de restabelecer antigas leis egípcias (cf. Heródoto 3. 91. 7). Não se sabe ao certo quando foi deposto. Polieno (7. 11.7) alude a uma revolta egípcia contra Ariandes e a uma visita de Dario ao Egipto (também referida por Heródoto 2. 110), por ocasião da morte de um Ápis, entre 518 e 517 a.C. (cf. D. Asheri, *La Persia*, p. 245, nota a Heródoto 3. 27-29). Se de facto a deposição e morte de Ariandes tiveram por causa (como refere o historiador, neste parágrafo) a ideia de mandar cunhar uma moeda à semelhança da moeda de ouro de Dario (que começou a circular por volta de 516-515 a.C.), é provável que a morte do sátrapa tenha ocorrido depois de 515 a.C., ou eventualmente na primeira década do século V a.C. Cf. A. Corcella, pp. 356-357.

[85] A alegada revolta de Ariandes teria ocorrido entre 517 e 494 a.C., depois de terem começado a circular pelo império os dáricos mandados cunhar por Dario. Polieno (7.11. 7) refere que foi o próprio Dario quem debelou essa revolta.

[86] Os Maráfios e os Pasárgadas eram duas das mais importantes tribos da Pérsia; os Aqueménidas eram uma casta da tribo Pasárgada (cf. Heródoto 1. 125).

[87] Este episódio centrado na responsabilização colectiva dos Barceus (cf. 4. 200) deve ter por fonte a aristocracia, hostil à tirania e aos Persas. Acerca de idêntica situação, cf. Heródoto 9. 86-88.

133

enviadas, em minha opinião, tendo em vista a conquista da Líbia[88]. De facto, entre os muitos povos, de toda a espécie, existentes na Líbia, poucos eram súbditos do rei [persa] e a maior parte deles nem sequer faziam caso de Dario[89].

168.1 Povoam estes Líbios[90] a sua região conforme se segue. Se começarmos pelo Egipto, os primeiros habitantes da Líbia são os Adirmáquidas[91], que partilham a maior parte dos usos e costumes egípcios, mas vestem como os restantes Líbios[92]. As mulheres deste povo usam uma pulseira de bronze em cada uma das pernas[93]; têm cabelos compridos e sempre que apanham piolhos, cada uma delas morde os 2 seus e assim se vê livre deles[94]. De entre os Líbios, estes são os únicos que assim procedem; são também os únicos que levam à presença do rei as donzelas prestes a casar – e se alguma agradar ao rei é por ele desflorada[95]. Os Adirmáquidas estendem-se desde o Egipto até ao porto

169.1 que tem o nome de Plino[96]. Seguem-se-lhes os Gilígamas, que habitam a região situada a ocidente, até à ilha de Afrodísia[97]. No espaço entre as

---

[88] Cf. Heródoto 4. 203.

[89] Cf. 4. 145. Heródoto considera que a causa da expedição se relaciona com o expansionismo persa e o desejo de conquistar a Líbia. Pouco depois da conquista do Egipto (525 a.C.), os Líbios que habitavam nas áreas limítrofes submeteram-se ao rei dos Persas (cf. 3. 13, 91), mas a Líbia não figura na inscrição de Behistun (519 a.C.), na lista dos súbditos da Pérsia; são contudo referidos nas inscrições gravadas sob a estátua de Dario em Susa e em Naqs-i-Rustam, que datam do início do século V a.C. – o que parece corroborar a hipótese do historiador.

[90] Λίβυες era o nome que em grego designava todos os povos que habitavam a oeste do Egipto. Representados pela arte egípcia como homens louros e de pele clara, poderão ser os antepassados dos actuais Berberes. Heródoto define dois grandes grupos entre os Líbios: os nómadas, que vivem entre o Egipto e o lago Tritónis; e aqueles que a oeste se dedicam à agricultura. Os diversos povos nómadas são enumerados de este para oeste, a começar pelas tribos costeiras.

[91] O nome parece estar relacionado com o do grupo berbere dos Ithermaken ou com o etnónimo *Adrmkde* que figura em algumas inscrições de Kawa. Este povo habitaria a região entre o golfo Arábico e o golfo de Solum.

[92] Os Líbios usavam peles, principalmente sobre os ombros (cf. 4. 189, 7. 71).

[93] Uso que ainda persiste entre as mulheres berberes.

[94] Acerca de cosmética capilar, cf. 175, 180, 191.

[95] O *ius primae noctis* vigorou até ao século XIX entre os Berberes que habitam o território do antigo povo líbio: como sumo-sacerdote, eram atribuídos ao rei poderes sobrenaturais capazes de proteger a noiva contra o mal.

[96] O actual porto de Sidi Barani, no golfo de Solum, a cerca de 450 km a oeste de Alexandria.

[97] Este povo (referido por Estêvão de Bizâncio, *s. v.*) habitava entre o golfo de Solum e a ilha de Afrodísia (Quersa, a oeste de Derna).

duas, fica a ilha de Plátea, que os Cireneus colonizaram, e no continente fica o porto de Menelau e Azíris, em que os Cireneus habitaram[98]. É a partir daqui que começa a aparecer o sílfio[99], que se estende desde a ilha de Plátea até à boca da Sirte[100]. Os Gilígamas têm usos e costumes semelhantes aos dos outros Líbios.

Aos Gilígamas seguem-se, para ocidente, os Asbistas[101] – que habitam para lá de Cirene; não vivem junto ao mar, pois são os Cireneus que povoam a região junto ao mar. Usam quadrigas e não são os piores cavaleiros mas os melhores e tentam imitar os Cireneus na maioria dos usos e costumes[102]. Aos Asbistas, seguem-se para ocidente os Áusquisas, que vivem na região para lá de Barce, que vai dar ao mar próximo de Evespérides[103]. Lá para o meio da terra dos Áusquisas, habitam os Bacales, um pequeno povo, que se estende até ao mar junto a Tauquira,

2

170

171

---

[98] Acerca de Plátea (a ilha de Bomba) e de Azíris, cf. 4. 151, 157. O porto de Menelau era o local a que, segundo a lenda, Menelau aportara na Líbia (cf. Homero, *Odisseia* 4. 80 sq.; Heródoto 2. 112-120). Situado entre Tobruk e o golfo de Solum, coincidiria provavelmente com a actual Marsa Gabes ou Marsa el-Aora. A ilha de Afrodísia poderá ser Quersa e o porto de Menelau poderá ser Bardia, a oeste de Tobruk. Cf. Estrabão 17. 3. 22; A. Corcella, p. 360.

[99] O sílfio crescia espontaneamente nas estepes próximas do deserto do Sara, entre o golfo de Bomba e a embocadura da Sirte Maior, junto a Bengasi. Colhido pelos indígenas, era utilizado como legume, servia de forragem para os animais e era vendido ao rei de Cirene (figurando nas moedas dessa cidade). Citado por Sólon (fr. 33), era utilizado na culinária, e o suco que dele se extraía tinha propriedades farmacológicas. Estrabão (17. 3. 22) diz que no seu tempo já escasseava e hoje não é possível identificá-lo com clareza ou declará-lo definitivamente extinto. Pela descrição de Teofrasto (*História das plantas* 6. 3. 1-7) e de Plínio (*História natural* 19. 38-46) e pela representação em moedas e em figuras de terracota, o sílfio teria vinte ou trinta centímetros de altura e devia ser uma planta umbelífera ou apiácea semelhante à assa-fétida, ou então uma papaverácea.

[100] Ao utilizar o topónimo Sirte, Heródoto refere-se à Sirte Maior, i.e., o golfo de Sidra.

[101] Povo do interior cuja identificação permanece incerta: talvez tenham sido estes os Líbios que pediram auxílio a Apries, perante a chegada de novos colonos a Cirene (cf. 4. 159); é possível que tenham integrado a população de Cirene como periecos (cf. 4. 161). Cf. W. Vycichl, *Rivista degli Studi Orientali* 31, 1956, pp. 211-220; J. Osing, in *Lexicon der Ägyptologie*, III, Wiesbaden, 1980, col. 1017.

[102] Acerca da perícia dos Líbios na condução de carros, cf. Heródoto 4. 183, 189, 193, 7. 86, 184; Diodoro 20. 38, 64.

[103] Ptolemeu (*Geografia* 4. 5. 12) situa-os próximo do oásis de Augila (cf. Estêvão de Bizâncio, *s.v.* Αὐσχίται; Diodoro 3. 49. 1). Fundada no século V a.C., a cidade de Evespérides (cf. 4. 198, 204), mais tarde denominada Berenice, ficava três quilómetros a norte de Bengasi.

172.1 cidade da região de Barce[104]. Têm os mesmos usos e costumes que os que vivem para lá de Cirene. Aos Áusquisas segue-se para ocidente um povo numeroso, os Nasamões, que durante o verão deixam junto ao mar os rebanhos e sobem até à região de Augilos, para colherem os frutos das tamareiras, que em grande abundância aí crescem frondosas e fecundas[105]. Apanham também gafanhotos, deixam-nos secar ao sol,
2 moem-nos e depois espalham-nos sobre o leite e bebem[106]. Cada homem está habituado a ter várias mulheres e estas pertencem a todos[107]; acasalam de um modo muito semelhante ao dos Masságetas: colocam à sua frente um bastão e unem-se a elas[108]. Quando um dos Nasamões se casa pela primeira vez, é costume a noiva ir ter com todos os convidados, na primeira noite, para se unir a eles, e cada um deles depois de a ter
3 possuído, dá-lhe de presente o que tiver trazido de sua casa. Quanto aos juramentos e à adivinhação, procedem do seguinte modo: invocam como testemunha de um juramento os homens que são considerados os melhores e mais justos, e juram por estes, tocando nos seus túmulos. Profetizam indo visitar os túmulos dos seus antepassados, e depois de orarem dormem deitados sobre eles: são as visões que lhes aparecerem
4 em sonhos durante o sono, que eles usam como profecia[109]. Para selarem um pacto de confiança, usam o seguinte procedimento: um dá a beber da

---

[104] Os Βάκαλες são referidos por Calímaco (fr. 484), Nono (13. 376) e Ptolemeu (*Geografia* 4. 5.12). A cidade de Tauquira (fundada por colonos de Cirene, segundo um escólio a Píndaro, *Pítica* 4. 15) corresponde à actual Tukrah, a cerca de 20 km a oeste de Barce, cujas escavações têm revelado objectos cronologicamente situados entre 630 e 590 a.C. Cf. A. Corcella, p. 362.

[105] Já citados por Heródoto no livro II (cf. 2. 32), os Nasamões são, segundo a lenda, os descendentes de Násamon, filho de Garamante. Como nómadas, percorriam a região entre a costa oriental e meridional da Sirte Maior e o oásis de Augila, ainda hoje repleto de férteis palmeiras (cf. Teofrasto, *História das plantas* 4. 3. 1).

[106] Abundantes em toda a África setentrional, os gafanhotos servem ainda de alimento a vários povos do deserto do Sara; segundo Dioscórides (2. 52), também os habitantes de Lépcis os incluíam na sua dieta. Cf. Diodoro 3. 29; Mateus 3.4.

[107] Acerca dos hábitos de poligamia entre os Líbios, cf. *infra* 176 e 180.

[108] Tal como entre os Masságetas (Heródoto 1. 216), também entre os Nasamões as mulheres eram comuns a todos os homens da tribo; semelhante era ainda o gesto com que um homem expressava o seu desejo em relação a uma mulher – enterrar uma vara diante da casa onde ela vivia. Cf. Estrabão 14. 4. 25.

[109] O culto dos antepassados e o juramento sobre os túmulos de homens ilustres persiste ainda entre os Berberes (cf. G. Camps, *Berbères. Aux marges de l'histoire*, Toulouse, 1982, pp. 233-242). A prática divinatória associada à incubação sobre os túmulos dos antepassados (cf. Pompónio Mela 1. 46; Plínio, *História natural* 5. 45) existe ainda entre os Tuaregues (cf. G. Camps, *Aux origines de la Berbérie. Monuments et rites funéraires protohistoriques*, Paris, 1961, pp. 191-193, 557-559).

sua mão e depois bebe da mão do outro; se não tiverem nenhum líquido, tomam o pó da terra e lambem-no.

Vizinhos dos Nasamões eram os Psilos, que foram destruídos do seguinte modo: o vento do sul ao soprar secou-lhes as fontes de água e a terra, e toda a região que era deles no interior da Sirte ficou sem água; depois de deliberarem, de comum acordo, fizeram uma expedição militar contra o vento do sul (estou a dizer o que dizem os Líbios); e quando estavam na areia o vento soprando soterrou-os. Desde que eles foram destruídos, os Nasamões ocupam essa região[110]. 173

A seguir a eles, em direcção ao vento sul, num sítio cheio de animais selvagens, habitam os Ganfasantes, que fogem de todo o homem e de toda e qualquer companhia; ninguém tem armas de guerra, ninguém sabe o que é defender-se[111]. 174

Estes habitam a seguir aos Nasamões. Junto ao mar, para ocidente, seguem-se os Macas[112], que cortam o cabelo mas no meio deixam crescer umas cristas, cortando de um lado e de outro rente à pele[113]. Para a guerra 175.1

---

[110] Os Psilos habitariam a oeste dos Nasamões, na costa da Tripolitânia, a leste de Trípoli. Hecateu (F. Jacoby, *FGrHist* I F 303) alude a um golfo dos Psilos, que será provavelmente a Sirte Maior. Estrabão (17. 3. 23) apresenta-os como um povo da Sirte, ainda existente no seu tempo; Lucano (9. 892 sq.) refere que são grandes encantadores de serpentes. Com pormenores eventualmente inspirados na realidade, como a seca ou as tempestades de areia, a história da destruição dos Psilos narrada por Heródoto (cf. Aulo Gélio 16. 11. 4-8) pode ser uma versão lendária da conquista desse povo pelos Nasamões (cf. Plínio, *História natural* 7. 14). A guerra contra o vento poderá advir da concepção dos ventos como força divina, ainda existente entre os Berberes (cf. W. Vycichl, in *Wörterbuch der Mythologie*, I, Stuttgart, 1973, pp. 697-698).

[111] Embora os manuscritos das *Histórias* apresentem neste passo o etnónimo Γαράμαντες, o que é certo é que o carácter belicoso a esse povo adiante atribuído em 4. 183 nada tem a ver com a descrição dos homens mencionados em 4. 174. Estêvão de Bizâncio (*s.v.*) e Eustátio (*Commentarii in Dionysii Periegetica* 217) confirmam a referência aos Garamantes em Heródoto 4. 174, mas Pompónio Mela (1. 47) e Plínio (*História natural* 5. 45) repetem as mesmas informações do historiador a propósito de um povo denominado Ganfasantes (que habitaria a leste da região de Fezan). É este o etnónimo que os comentadores consideram mais lógico inserir em 4. 172, corrigindo a lição dos manuscritos. O carácter pacífico e o isolamento que a tradição associava a este povo poderão estar relacionados com a efectiva ausência de contacto com os povos vizinhos, devido às feras que abundavam nessa região.

[112] Os Macas viviam na costa ocidental da Sirte, junto do rio Cínipe, nas proximidades de Léptis Magna.

[113] Acerca dos cabelos dos Líbios, cf. Heródoto 4. 168, 180, 191. A arte egípcia confirma estes estranhos penteados e Tertuliano (*De pallio* 4) refere que ainda no seu tempo alguns Numidas costumavam rapar o cabelo, deixando crescer apenas uma crista a meio da cabeça. O mesmo hábito persiste entre os Berberes (S. Ferri, in *Atti del III Congresso di Studi Coloniali*, Firenze, 1937, pp. 162-167).

2   usam como protecção peles de avestruzes[114]. Pela sua região passa o rio Cínipe, que da chamada colina das Graças corre em direcção ao mar[115]. Esta Colina das Graças é densamente coberta de arvoredos, enquanto a outra parte da Líbia antes referida é completamente desprovida de árvores; do mar até essa colina, são 200 estádios[116].

176   Os povos que se seguem a estes Macas são os Gindanes[117], entre os quais as mulheres usam à volta dos tornozelos muitos anéis de couro, e segundo se diz, pela seguinte razão: por cada um dos homens a quem se unem, colocam no tornozelo um anel; é aquela que tiver mais anéis que é considerada a melhor, por ter sido amada por mais homens[118].

177   Num promontório que entra no mar próximo destes Gindanes, habitam os Lotófagos, que sobrevivem comendo apenas o fruto do loto[119]. O fruto do loto é do mesmo tamanho que o do lentisco, e de doçura semelhante ao fruto da tamareira. É também com este fruto que os Lotófagos fabricam vinho.

178   Aos Lotófagos, seguem-se, junto ao mar, os Máclies que também usam o loto, embora menos do que o povo anteriormente referido.

---

[114] Com o adjectivo κατάγαιος (terrestre), o substantivo στρουθός (que isoladamente se utiliza no sentido de "pardal") designa a avestruz. Sinésio (*Epístolas* 133. 67) confirma a existência de avestruzes na Cirenaica, e só recentemente desapareceram do Norte de África (cf. H. Camps-Fabrier, *La disparition de l'autruche en Afrique du Nord*, Alger, 1963, pp. 23-27). Um escudo feito de pele de avestruz, provavelmente oriundo do Sara, foi encontrado em Lagos (cf. H. M. Currie, *Rh M* 105, 1963, pp. 283-284).

[115] O rio Cínipe corresponderá actualmente ao Wadi Khaam, na costa ocidental da Sirte Maior, que desagua a sudoeste de Léptis Magna. A Colina das Graças deveria ser uma elevação próxima daquele rio, consagrada a divindades locais, que os Gregos poderiam associar às Graças.

[116] Cerca de 35,5 km.

[117] Os Gindanes habitavam a região ocidental da Tripolitânia. Estêvão de Bizâncio (*s.v.* Γινδανές) identifica-os com os Lotófagos.

[118] Eliano (*Histórias Várias* 4.1) alude a hábitos semelhantes entre as mulheres da Lídia. Acerca da poliandria como prática pré-matrimonial, cf.: Heródoto 5. 6; V. Andò, in Φιλίας χάριν. *Miscellanea di Studi Classici in onore di E. Manni*, I, Roma, 1980, p. 97.

[119] Referidos também na *Odisseia* (9. 82-104) como habitantes das imediações do cabo Málea, os Lotófagos (os homens que se alimentavam do loto) foram posteriormente situados em diversas regiões, de Marrocos até à Cirenaica. Segundo Políbio (1. 39. 2, 12. 2, 34. 3. 12) e Estrabão (3. 4. 3, 17. 3. 17), ocupavam a ilha de Méninx, a actual Jerba; o promontório a que se refere Heródoto poderia ser o de Zarzis.

[120] Os Máclies habitariam a sul da Tunísia. Acerca deste povo, cf. Nicolau Damasceno (F. Jacoby, *FGrHist* 90 F 103 q) e Plínio (*História natural* 7. 15). É incerta a localização do lago Tritónis e do rio Tritão: Ferecides (F. Jacoby, *FGrHist* 3 F 75) e Estrabão (17. 3. 20) situavam-nos na Cirenaica; Diodoro (3. 53-55), no extremo ocidental da África. O lago referido por Heródoto poderá ser o golfo de Gabes ou o golfo de Bou Grara, próximo de Jerba; o rio Tritão corresponderá ao Wadi bou Ahmed ou ao Wadi el Hallouf.

Estendem-se até a um grande rio chamado Tritão, que corre para o lago Tritónis[120]. Neste lago, há uma ilha com o nome de Flá e dizem que havia um oráculo segundo o qual esta ilha seria colonizada pelos Lacedemónios[121].

Há também uma história, que tem sido contada[122]. Diz-se que Jasão, depois de concluída a nau Argo, junto do Pélion[123], colocou nela além de uma hecatombe, uma trípode de bronze, no intuito de navegar em redor do Peloponeso e de se dirigir a Delfos. Ora, depois de ter viajado até ao cabo Málea, o vento arrastou-o e levou-o para a Líbia[124]; mas antes de avistar terra, ficou preso nos baixios do lago Tritónis. Consta que estava ele hesitante acerca de como sair dali, quando Tritão lhe apareceu[125]: ordenou que Jasão lhe desse a trípode, dizendo que lhes indicaria o caminho e os conduziria sãos e salvos. Jasão aceitou e Tritão mostrou-lhes o caminho para sair dos baixios, colocou a trípode no seu santuário, e pronunciou um oráculo sobre essa trípode, anunciando aos que estavam com Jasão tudo quanto iria acontecer: quando um dos descendentes dos tripulantes da nau Argo levasse consigo a trípode, então forçoso seria que cem cidades gregas fossem fundadas à volta do lago Tritónis. Consta que, ao ouvirem isto, os Líbios que se tinham estabelecido na região esconderam a trípode.

Aos Máclies, seguem-se os Áusees. Estes e os Máclies habitam à volta do lago Tritónis e o rio Tritão define entre eles a fronteira. Os Máclies usam os cabelos compridos atrás da cabeça; os Áusees, à frente. Numa festa anual em honra de Atena, divididas em dois grupos, as donzelas desse povo lutam entre si com pedras e bastões, dizendo que assim cumprem os rituais paternos em honra da divindade indígena a

179.1

2

3

180.1

2

---

[121] A ilha de Flá poderá ser a actual Jerba ou um ilhéu do golfo de Gabes denominado Chot El Djerib. O oráculo estaria provavelmente relacionado com os Argonautas, referidos no parágrafo seguinte.

[122] Segue-se uma lenda acerca de Jasão e da presença dos Argonautas na Líbia, diferente da versão de Píndaro na *Pítica* IV, acerca de Eufemo como ascendente de Bato.

[123] Monte da Tessália, na península de Magnésia.

[124] Embora a tempestade seja um tópico literário usual no relato de viagens (*Odisseia* 3. 287 sq., 4. 514 sq., 9, 80 sq., 19. 187 sq.; Heródoto 2. 113; Apolónio de Rodes 4. 1232 sq.), vários episódios históricos confirmam o desvio de naus para a costa africana, por acção de fortes ventos no Mediterrâneo (Heródoto 4. 151-152, 164, 7. 168; Tucídides 7. 50; Plutarco, *Díon* 22-25). O cabo Málea, a sudeste do Peloponeso, tornou-se proverbial como sinónimo de perigo (Estrabão 7. 16. 2; Ateneu 2. 36 f).

[125] Tritão era venerado entre os marinheiros, como um deus que amainava as tempestades, como uma entidade protectora, medianeira entre os homens e Posídon.

139

3   que chamamos Atena[126]: as que sucumbem aos ferimentos são consideradas falsas virgens. Antes de as deixarem combater, fazem o seguinte: enfeitam todos[127] a mais bela jovem (uma só de cada vez) com um elmo coríntio e uma armadura grega completa, fazem-na subir para
4   um carro e levam-na a dar a volta ao lago. Como é que eles ornamentavam anteriormente as donzelas, antes de os Gregos terem ido habitar para junto deles, isso eu não posso garantir, mas parece-me que as enfeitavam com armas egípcias, pois foi do Egipto (creio eu) que o escudo e o elmo
5   chegaram aos Gregos[128]. Dizem que Atena era filha de Posídon e da divindade do lago Tritónis e que, revoltada por qualquer motivo contra o pai, se foi entregar a Zeus, e Zeus recebeu-a como filha – é isto que eles contam[129]. Fazem das mulheres propriedade comum, mas não coabitam com elas em união matrimonial, acasalando como os animais[130].
6   Quando uma mulher tem um filho, assim que ele começa a manifestar alguma força, reúnem-se junto dele os homens, no terceiro mês de vida, e ele é considerado filho do homem com quem mais se parecer[131].

181.1   De entre os nómadas líbios, acabam de ser mencionados aqueles que vivem junto ao mar. Para lá destes, para o interior, fica a região da Líbia que é habitada por animais selvagens. Depois desta zona de animais selvagens, seguindo para baixo, existe uma faixa de areia que se estende

---

[126] Deveria tratar-se de um ritual de iniciação e purificação em honra de uma deusa virgem e guerreira (como a grega Atena), relacionada com as águas (como a egípcia Neith ou a deusa púnica Astarte). O epíteto Tritogenia contribuiu decerto para relacionar Atena com Tritão e com o lago Tritónis. Cf. Pausânias 9. 33. 7; Apolodoro 3. 12. 3.

[127] "Todos" poderá referir-se aos diferentes clãs da tribo dos Áusees, ou então aos Máclies e aos Áusees, dois povos das imediações do lago Tritónis, que talvez venerassem a mesma deusa.

[128] Platão (*Timeu* 24 b) alude também à origem egípcia das armas gregas, embora na realidade os escudos gregos, pela sua forma arredondada (e não alongada, como a dos escudos egípcios), denotem influência oriental.

[129] Venerado nas colónias gregas do norte de África (cf. Píndaro, *Pítica* 4. 33, 45), Posídon deve ter sido assimilado a alguma divindade local com atributos semelhantes; embora filha de Zeus, Atena tinha o epíteto de Tritogenia, pelo que deve ter sido associada à divindade líbica padroeira do lago Tritónis.

[130] No âmbito dos costumes de um povo que valoriza a virgindade nas cerimónias em honra de uma deusa semelhante a Atena, o historiador alude (com alguma surpresa) à prática da poliandria: é possível que, entre os Áusees e os Máclies, a mulher de um indivíduo pertencesse a todos os homens do mesmo clã.

[131] Podendo os filhos de cada mulher ser fruto da relação com qualquer um dos homens do clã, a sucessão por linha masculina procurava contudo ser assegurada e comprovada pela semelhança física da criança recém-nascida em relação ao seu presumível pai. Cf. Aristóteles, *Política* 1262 a 14-24; Pompónio Mela 1. 45; Plínio, *História natural* 5. 45; Nicolau Damasceno, in F. Jacoby, *FGrHist* 90 F 103 d; A. Corcella, p. 369.

desde a Tebas dos Egípcios até às Colunas de Hércules[132]. Nesta zona de areia, aproximadamente a uma distância de dez dias de caminho, existem montes formados por pedaços de sal em enormes grãos: no cimo de cada monte brota, do meio do sal, água fresca e doce[133], e em redor habitam os últimos homens para os lados do deserto, depois da região dos animais selvagens. Partindo de Tebas, a uma distância de dez dias de caminho, os primeiros povos são os Amónios[134], que têm um santuário à imagem do de Zeus Tebano (também em Tebas, como já antes foi por mim referido[135], a imagem de Zeus tem uma cabeça de carneiro). Existe ainda nesta região uma fonte cuja água é tépida ao amanhecer, e mais fresca quando a ágora se encontra repleta; ao meio-dia, a água fica muito fresca e é então que eles regam os jardins; conforme o dia declina, a água vai diminuindo de frescura, até o sol se pôr; torna-se tépida e vai aumentando de temperatura, à medida que o meio da noite se aproxima, e então fica mesmo a ferver; passada a meia-noite, refresca até à aurora. No que respeita ao nome, esta fonte é chamada a Fonte do Sol[136].

A seguir aos Amónios, ao longo da faixa de areia, a mais dez dias de caminho, existe um monte de sal semelhante ao dos Amónios; há também água e homens que habitam em seu redor. O nome desta região é Augilos[137]; é para aí que os Nasamões se dirigem, para colherem os frutos das tamareiras.

---

[132] Esta faixa arenosa corresponde a uma elevação de terreno entre o delta do Nilo e a Tripolitânia, próximo dos oásis da rota entre o Egipto e a Líbia (El Fayum, Bahariya, Siwa, Djarabub, Augila, etc.).

[133] Heródoto refere-se provavelmente aos oásis, chamando-lhes "colinas" pela ideia generalizada de que as nascentes de água brotam das alturas; "de sal", pela natureza salina dos terrenos do deserto do Sara.

[134] Os Amónios viviam no oásis de Siwa.

[135] Cf. 2. 42.

[136] O primeiro oásis a contar do Egipto é o oásis de Siwa, onde se situava o santuário de Ámon (cf. A. B. Lloyd, *Herodotus. Book II. Commentary*, Leiden, 1976, pp. 195-198). A cerca de novecentos quilómetros do oásis de Siwa, a cidade de Tebas (a actual Karnak) ficaria a mais de dez dias de caminho, mas é provável que o historiador aluda à região de Tebas, em geral. A fonte do Sol (cf. Diodoro 17. 50; Cúrcio Rufo 4. 7. 22; Arriano, *Anábase* 3. 4. 2; Lucrécio 6. 841 sq.; Ovídio, *Metamorfoses* 15. 309-310; Pompónio Mela 1. 39; Plínio, *História natural* 2. 28) deve corresponder à actual Ain el-hammam, uma fonte de natureza vulcânica, cuja temperatura constante ronda os 29 graus centígrados e que, por contraste com as variações da temperatura atmosférica, cria a impressão descrita por Heródoto. Cf. A. Corcella, p. 371.

[137] A região do oásis de Augila fica a cerca de dez dias de caminho a oeste de Siwa.

183.1   A partir de Augilos, a mais dez dias de caminho, outro monte de sal e água e muitas tamareiras cheias de frutos, tal como nos outros locais. Nesta região, vivem uns homens a quem se dá o nome de Garamantes: são um povo realmente numeroso[138]; colocam terra em cima do sal e é
2   assim que semeiam[139]. [Em relação a outros povos,] a distância mais curta é a que os separa dos Lotófagos: da sua região até estes, o percurso é de trinta dias[140]. Há nessa zona uns bois que pastam às arrecuas. E esses bois pastam às arrecuas pelo seguinte: é que eles têm os chifres curvados com a extremidade para a frente e por isso pastam andando
3   para trás; para a frente não podem, porque os chifres se começariam a enterrar no pasto[141]. Em nada mais diferem dos outros bois, a não ser
4   nisto e na pele, pela sua espessura e sensação ao toque. Os referidos Garamantes costumam perseguir os trogloditas etíopes, em carros puxados por quatro cavalos. Em relação à agilidade dos pés, os trogloditas etíopes são de facto os mais velozes de todos os homens e acerca deles ouvimos contar algumas histórias: alimentam-se de cobras, lagartos e outros répteis do mesmo tipo; quanto à língua, falam uma que com nenhuma outra se parece e dão gritos agudos como os morcegos[142].

184.1   A partir dos Garamantes, a mais dez dias de caminho, outro monte de sal e água, à volta do qual vivem uns homens que têm por nome

---

[138] A dez dias de caminho para oeste de Augila, fica o oásis de Zallah, nas imediações de Waddan e Suknah. O numeroso povo dos Garamantes viveria num amplo território entre o oásis de Fezan e a região de Zallah. No tempo de Plínio (*História natural* 5. 26) e Ptolemeu (*Geografia* 4. 16. 2), a capital dos Garamantes era Garama, a actual Jarmah, cujas escavações comprovam ocupação desde o século V a.C. Vide C. Daniels, *The Garamantes of Southern Lybia*, Stoughton, 1970; E. M. Ruprechtsberger, *Die Garamanten*, Zürich, 1989 (supl. a *Antike Welt* 20, 1989).

[139] Os Garamantes cobriam talvez os áridos terrenos salinos com terriço húmido, como durante muito tempo foi prática corrente na região do Fezan. Cf. A. Corcella, p. 372.

[140] A distância entre Trípoli e Murzuk.

[141] Bois semelhantes aos que descreve Heródoto (que só poderiam realmente pastar às arrecuas) figuram em pinturas rupestres na região de Tassili n'Ajjer. É possível que essas imagens (anteriores ao século V a.C.) tenham feito nascer a tradição difundida pelo historiador. A mesma referência figura em Plínio, *História natural* 8. 178.

[142] Comprovado pela arte rupestre, nas regiões de Tassili n'Ajjer e de Fezan, o uso de bigas e de quadrigas está associado aos povos dominantes da Líbia, de origem mediterrânica, antepassados dos Berberes, que no segundo milénio antes de Cristo alcançaram supremacia sobre um estrato populacional de pele negra – eventuais ascendentes dos negros dos oásis e do povo Tebu, ainda hoje conhecido pela sua agilidade na corrida. A alimentação que Heródoto atribui aos "trogloditas etíopes" é comum à de muitos dos actuais povos do deserto; sons estridentes caracterizam a língua dos Tebu, que hoje habitam a mesma região.

Atarantes[143], e que são os únicos homens que conhecemos sem nome próprio: de facto, para o povo no seu todo, existe o nome de Atarantes, mas a cada um deles em particular nenhum nome é posto. Amaldiçoam o sol excessivo e insultam-no além disso com todas as calúnias, porque ele queima e lhes consome os homens e a terra. Depois destes, a outros dez dias de caminho, outro monte de sal e água, e outros homens que vivem em seu redor. Segue-se a este sal um monte que se chama Atlas. É estreito e todo arredondado, alto ao ponto de se dizer que o seu cume não consegue avistar-se, pois jamais as nuvens o largam, quer de verão quer de inverno. Que este monte é a coluna do céu é o que dizem os naturais da região[144]. Do monte deriva o nome com que estes homens são designados. Diz-se que nada comem com vida e que nunca têm sonhos[145].

Até estes Atlantes, consigo eu mencionar os nomes dos que habitam na faixa de areia, mas tal já não acontece a partir daí. Estende-se essa zona até às Colunas de Hércules e mais além. Existe nela uma mina de sal a dez dias de caminho e há homens que aí habitam. As casas deles são todas construídas com blocos de sal, porque nestas zonas da Líbia já não há chuva: se chovesse, não seria de facto possível conservar as paredes das casas, sendo elas feitas de sal[146]. No que diz respeito ao seu aspecto, o sal que aí se extrai não é apenas branco, mas também

---

[143] Os códices apresentam neste passo o etnónimo Atlantes, nome de um povo a que um pouco mais adiante o historiador se referirá, a propósito do monte Atlas. Estêvão de Bizâncio (*s.v.* Ἄτλαντες) estabelece uma distinção entre os Atlantes e os Atarantes (que habitariam a região de Ghadamis ou de Tassili n'Ajjer). O etnónimo Atarantes tem sido relacionado com o substantivo *adrar*, que na língua dos Berberes significa "monte" e com o nome próprio Adrar, que designa os Tuaregues da Algéria meridional. Cf. A. Corcella, p. 374.

[144] Acerca da lenda do monte Atlas, cf. Pausânias 32. 5; Pompónio Mela 3. 95; Plínio, *História natural* 5. 7; Máximo de Tiro 8. 7; Marciano Capela, *Bodas de Mercúrio e Filologia* 6. 667. A alta cadeia montanhosa a que o historiador se refere (de natureza vulcânica, a avaliar pelas nuvens a que alude) situar-se-ia na região do Tibesti (o pico de Tuside, e.g., tem 3.600 m de altura).

[145] Como muitos povos dos oásis, os Atlantes deveriam ser vegetarianos. O historiador parece relacionar o tipo de dieta com a ausência de sonhos. Acerca da relação entre a alimentação e as visões oníricas, cf. Platão, *República* 9. 571c-572b; Tertuliano, *Acerca da alma* 48.

[146] Na zona do Sara, na longitude de Gibraltar, as chuvas são realmente escassas, ocorrendo apenas uma ou duas vezes por ano. Grande parte das rochas do deserto do Sara são salinas, e minas de sal-gema encontram-se, por exemplo, no oásis de Siwa. O uso deste material na construção é igualmente referido por Plínio (*História natural* 5. 34).

purpúreo[147]. Para lá desta faixa, para o sul e para o interior da Líbia, a região é deserta, sem água e sem animais, sem chuva e sem arvoredo, e nenhuma humidade nela existe.

186.1 Assim, do Egipto até ao lago Tritónis, os Líbios são nómadas[148], comem carne e bebem leite, mas nunca se alimentam de carne de vaca (pelo mesmo motivo que os Egípcios) e também não criam porcos[149].

2 Também as mulheres dos Cireneus consideram ilícito ingerir carne de vaca, por causa da deusa Ísis do Egipto, em honra de quem cumprem jejuns e celebram festas. Além das vacas, as mulheres dos Barceus também não comem porcos[150]. É isto o que realmente acontece.

187.1 Para ocidente do lago Tritónis, os Líbios já não são nómadas, nem sequer têm os mesmos usos e costumes, nem em relação às crianças
2 fazem o mesmo que os nómadas costumam fazer. Aqueles de entre os Líbios que são nómadas – não posso dizer ao certo se são todos, mas pelo menos muitos deles – fazem o seguinte: assim que os filhos chegam aos quatro anos, queimam-lhes, com lã de ovelha engordurada, as veias no cimo da cabeça; há entre eles outros que lhes queimam as veias nas fontes, pela seguinte razão: para que nunca da cabeça lhes corra a fleuma
3 e lhes venha a ser funesta. Dizem que é por causa desta prática que eles são tão saudáveis. São de facto os Líbios os mais saudáveis de todos os homens que conhecemos: agora se é por esse motivo não posso ao certo afirmar, mas realmente eles são mesmo os mais saudáveis. No caso de, ao queimarem as crianças, haver um espasmo, eles próprios arranjaram um remédio: derramam sobre elas urina de bode e põem-nas livres de perigo. Limito-me a dizer o que dizem os próprios Líbios[151].

---

[147] As diferentes cores do sal-gema (matizes brancos, purpúreos ou azuis) dependem da sua qualidade.

[148] Investigações arqueológicas no deserto líbico revelam a ausência de povoados entre o quarto milénio antes de Cristo e a época romana, o que permite comprovar a vida nómada dos seus habitantes (cf. R. Rebuffat, *Comptes rendus de l'Académie des Inscriptions et Belles-Lettres*, 1982, pp. 188-199). Vide A. Corcella, pp. 375-376.

[149] A abstenção de carne de vaca deve estar relacionada com preceitos do culto egípcio de Ísis (cf. Heródoto 2. 41) que podem ter sido transmitidos aos Líbios. A mesma influência pode ter-se verificado relativamente à carne de porco (Heródoto 2. 47).

[150] A referência às mulheres de Barce e Cirene, a propósito da semelhança de práticas rituais comuns aos Líbios, poderá justificar-se pela origem líbica das esposas dos colonos dessas cidades (cf. *supra* 4. 153, 164, 168).

[151] A boa saúde dos nómadas do norte de África (cf. Heródoto 2. 77; Salústio, *Jugurta* 17, 6) parece relacionar-se com a selecção natural operada na infância pelas duras condições de vida e pela dieta alimentar. A cauterização (ainda hoje usada na África) e a libação com urina de bode, em caso de espasmos, deveriam ter um valor mágico e ritual e não tanto um

Os sacrifícios entre os nómadas são os seguintes: depois de tomarem como primícia a orelha do animal oferecido como vítima, atiram-na por cima da casa[152] e, feito isto, torcem-lhe o pescoço. Sacrificam apenas ao sol e à lua, a quem todos os Líbios sacrificam, embora os que vivem à volta do lago Tritónis sacrifiquem sobretudo a Atena e depois dela a Tritão e a Posídon[153]. Quanto à veste e às égides das imagens de Atena, os Gregos criaram-nas a partir das roupas usadas pelas mulheres líbias, só que a veste das Líbias é de couro e as franjas das suas égides não são serpentes mas correias; no que diz respeito a tudo o resto, estão armadas do mesmo modo. O próprio nome revela também que é da Líbia que provém o armamento dos Paládios: de facto, as Líbias usam sobre as vestes peles de cabra sem pêlos, com franjas tingidas de garança – foi a partir do nome destas peles de cabra, que os Helenos criaram o nome *égides*[154]. Parece-me que foi também aí que pela primeira vez se ouviram gritos agudos em cerimónias sagradas; as Líbias usam tais gritos e fazem--no com grande beleza[155]. Foi também com os Líbios que os Gregos aprenderam a atrelar quatro cavalos a um carro[156].

Todos os nómadas enterram os mortos como os Helenos, excepto os Nasamões. Estes enterram-nos sentados, tomando todo o cuidado para

---

intuito terapêutico; a referência à fleuma parece ser um acréscimo, à luz da ciência médica de Hipócrates (cf. *Ares, águas, lugares* 3, 10; *De morbo sacro*, 5-6). Enquanto substância amoniacal, a urina era usada na medicina egípcia como remédio (cf. Heródoto 2. 111).

[152] Os manuscritos apresentam neste passo o termo δόμον, que noutro passo de Heródoto (5. 92) figura num oráculo, para designar o templo de Apolo. Como os nómadas não tinham templos e as casas eram de junco (cf. 4. 190), algumas edições adoptam a conjectura de Reiske (Leipzig, 1761), que substitui δόμον por ὦμον (ombro), no intuito de corrigir um erro da tradição manuscrita.

[153] Atestado na antiguidade por diversas inscrições rupestres da Algéria e da Tunísia, com símbolos solares e lunares, e por inscrições latinas ao deus Sol e a *Diana Augusta Maurorum* (*Corpus Inscriptionum Latinarum*, VIII, 8436), o culto do sol e da lua ainda hoje existe entre os Berberes. Acerca de Atena e Tritão, cf. *supra* 4. 180.

[154] Segundo a lenda, a égide de Atena era a pele da cabra Amalteia (a ama de Zeus no monte Ida), que servia à deusa como manto ou couraça, adornada com franjas à semelhança das serpentes da cabeleira da Górgone. Embora não se saiba ao certo a origem do vocábulo αἰγίς, pode não ser incorrecta a etimologia apresentada por Heródoto (αἴξ), dado que as primitivas égides eram provavelmente feitas de pele. Cf. A. Corcella, p. 378.

[155] A ὀλολυγή era o grito que as mulheres gregas usavam na invocação de divindades como Atena (cf. *Ilíada* 6. 301) e ainda hoje as mulheres berberes entoam *you-you* em cerimónias rituais. O facto de existir na Líbia o culto de uma deusa semelhante a Atena pode ter levado a pensar na origem líbica dos gritos rituais das cerimónias gregas.

[156] Data do século VIII a.C. o uso de quadrigas entre os Gregos. Uma eventual origem líbica pressupõe a hipótese de contactos entre a Grécia e a Líbia, antes da colonização da Cirenaica.

que, assim que alguém perde a alma, o ponham sentado, e não fique o morto deitado de costas[157]. Quanto às casas, são feitas de talos entrelaçados à volta de juncos, e são portáteis[158]. São estes os seus usos e costumes.

191.1 Para ocidente do rio Tritão, os Líbios que se seguem aos Áusees já são lavradores[159] e estão habituados a ter casas – dá-se-lhes o nome de Máxies[160]. Do lado direito da cabeça têm o cabelo comprido e do lado esquerdo cortam o cabelo e untam o corpo com vermelhão[161]. Dizem ser
2 descendentes dos homens de Tróia[162]. Esta terra, bem como a restante parte da Líbia que fica para ocidente, é de longe mais cheia de animais e
3 de arvoredo do que a terra dos nómadas. A parte da Líbia para os lados da Aurora, que os nómadas habitam, é plana e arenosa até ao rio Tritão; a que vai daí para ocidente, a dos lavradores, é muito montanhosa, cheia
4 de arvoredo e de animais. Aí existem serpentes gigantescas e leões[163]; há também elefantes[164], ursos[165], áspides[166], burros com chifres[167]; aí existem

---

[157] Em todo o norte de África, muitos túmulos paleoberberes comprovaram o hábito de sepultar os cadáveres com as pernas mais ou menos flectidas, como se estivessem sentados. É possível que as fontes de Heródoto apenas se referissem aos Nasamões a propósito dessa prática, por serem talvez o povo que maior importância concedia às cerimónias fúnebres.

[158] Cf. Salústio, *Jugurta* 18; Tito Lívio 30. 3. Do mesmo tipo são as tendas dos actuais Tebu ou dos Tuaregues da região de Agadir, que os animais de carga facilmente transportam. Cf. Gsell, *Hérodote*, Paris, Geuthner, 1928 p. 177-179; G. Camps, *Storia della Storiografia* 7, 1985, pp. 53-54.

[159] Na região do Magreb, é ainda hoje usado um arado cuja origem parece remontar, não aos Fenícios ou aos Romanos, mas a estes antigos Líbios agricultores. Objectos de cerâmica aí encontrados em sepulturas proto-históricas comprovam a vida sedentária destes povos. Cf. G. Camps, *Storia della Storiografia* 7, 1985, pp. 41-42.

[160] Estes Máxies devem corresponder aos *Maxitani* referidos por Justino (18. 6. 1) ou aos *Maxuli* mencionados por Plínio (*História natural* 5. 24).

[161] Acerca do peculiar corte de cabelo de certos povos da Líbia, cf. *supra* 175, 180. Vestígios em ossos de cadáveres encontrados em diversas sepulturas da Argélia e da Tunísia atestam, desde o paleolítico, o uso do mínio referido por Heródoto, Cf. Gsell, *Hérodote*, Paris, Geuthner, 1928, pp. 160-162; A. Corcella, p. 380.

[162] Idêntica tradição refere Tucídides (6. 2. 3) a propósito dos Élimos, e Estrabão (13. 1. 53) acerca dos Vénetos.

[163] Estrabão (17. 3. 5), Valério Máximo (1. 8), Plínio (*História natural* 8. 37) e Aulo Gélio (7. 3) aludem também às grandes serpentes existentes nestas regiões. No século XIX, ainda havia leões na Algéria, na Tunísia e em Marrocos.

[164] Cf. Plínio, *História natural* 8. 32; Aristóteles, *De caelo*, 2. 14, 298 a 13; Políbio 12. 3. 5; Estrabão 17. 3. 7-8.

[165] Plínio (*História natural* 8. 131) refere que Roma importava ursos da Numídia.

[166] Várias espécies de víboras existem no Magreb. Cf. Vitrúvio 8. 3. 24.

[167] Heródoto alude decerto a uma variedade de antílopes da família dos *Orycinae*, muito semelhante aos equinos.

os cinocéfalos e os acéfalos que têm os olhos no peito, segundo dizem os Líbios; aí existem ainda homens e mulheres selvagens e muitos outros animais fabulosos[168]. Entre os nómadas, nada disto se encontra, mas sim algo bem diferente: muitos outros animais, tais como gazelas e antílopes, búfalos e burros – não dos que têm chifres mas de outros que são ápotos (e que de facto nunca bebem)[169]; há também antílopes, de cujos chifres são feitos os braços das liras fenícias (em corpulência, esta espécie de animal é do tamanho de um boi)[170]. Aí existem ainda pequenas raposas, hienas e porcos-espinhos, carneiros selvagens, dícties[171], chacais, panteras[172], bóries[173], crocodilos terrestres (que chegam a ter três côvados, parecidos com os lagartos)[174], avestruzes[175] e pequenas serpentes apenas com um chifre[176]. Aí existem estes animais e os das outras regiões, à excepção do cervo e do porco selvagem – o cervo e o porco selvagem não existem em parte alguma da Líbia[177]. Quanto a ratos, há aí três raças: uns são chamados dípodes[178]; os outros, zegéries (este nome é um termo

192.1

2

3

---

[168] Os cinocéfalos, os acéfalos e os homens selvagens têm sido entendidos como símios (cf. Pausânias 2. 21. 6): se no norte de África apenas existiam macacos (cf. 4. 194), é contudo possível que os Líbios tivessem ouvido falar dos grandes primatas do sul. W. Vycichl (*Wörterbuch der Mythologie* I, Stuttgart, 1973, p. 637) considera que a expressão "cinocéfalos" (cabeças de cão) poderia ser usada para designar um povo que usasse máscaras. Plínio (*História natural* 5. 46) e Pompónio Mela (1. 48) identificaram os "acéfalos" com os *Blemyes* da Líbia. Mas poder-se-á também pensar que tais criaturas são mera fantasia, à semelhança dos seres fantásticos mencionados por Plínio (*História natural* 5. 46).

[169] Vivendo em regiões em que a água escasseia, os ónagros e as zebras podem passar vários dias sem beber. Pela sua grande resistência à sede, o burro selvagem foi usado como animal de carga nas travessias do deserto, antes do camelo.

[170] Acerca deste antílope (o *oryx* ou o *Addax nasomaculatus*), cf. Plínio, *História natural* 10. 201; 11. 124. Dos seus chifres seriam feitos os braços de um instrumento de cordas de origem fenícia (cf. Aristóteles, *Problemata* 918 b8; Ateneu 14. 636 b, 637 a-b).

[171] A. Bailly, *s.v.* δίκτυς, comenta que se trata de um animal desconhecido da Líbia; Hesíquio (*s.v.* δίκτυς) apresenta este termo como sinónimo de ἰκτῖνος (milhafre).

[172] Chacais e felinos abundavam na época, no norte de África.

[173] Animal desconhecido da Líbia.

[174] O animal a que se refere Heródoto (cf. 2. 69) é o *Varanus arenarius*.

[175] Cf. *supra* 4. 175.

[176] A *cerastes cornutus* ou víbora-cornuda do deserto do Sara tem na cabeça, por cima dos olhos, duas pontas afiadas semelhantes a chifres (cf. Heródoto 2. 74); a *Bitis arietans* (ou víbora sibilante) apresenta apenas uma.

[177] Informação incorrecta, que também figura em Aristóteles (*História dos animais* 606 a), Plínio (*História natural* 7. 120, 228) e Eliano (*Natureza dos animais* 17. 10).

[178] O *Iaculus iaculus*, um rato do deserto, frequente na Tripolitânia e na Cirenaica.

líbio que equivale em língua grega ao vocábulo *bounoi*)[179]; e os restantes, ouriços[180]. Existem também doninhas nascidas no sílfio, muito semelhantes às de Tartesso[181]. São estes os animais que a terra dos Líbios nómadas apresenta – segundo conseguimos apurar, depois de investigarmos o melhor que nos foi possível[182].

193 Aos Máxies da Líbia, seguem-se os Zaveces[183], entre os quais são as mulheres que levam os carros para a guerra.

194 A estes seguem-se os Gizantes, entre os quais as abelhas produzem imenso mel, mas diz-se que muito mais mel é de longe fabricado pelos homens que fazem disso a sua profissão[184]. Todos estes se pintam de vermelhão e comem macacos, que entre eles abundam nas montanhas.

---

[179] O vocábulo líbico, que Heródoto traduz em grego por uma palavra que significa "colinas", pode ter a ver com o termo berbere de Augila *eqzer* – que designa o rato (U. Paradisi, *PP* 17, 1962, pp. 201-205; U. Paradisi, *Rivista degli Studi Orientali* 38, 1963, pp. 61-65), ou com a palavra *azgar*, que em berbere significa "planalto" (o que melhor poderá explicar a associação com o grego βουνοί). Mas ζεγέριες poderá também derivar de uma raiz que significa "vermelho" – podendo ter por referente uma espécie de rato avermelhado (cf. G. Camps, *Storia della Storiografia* 7, 1985, pp. 43-44), como o *ctenodactylus gundi*, um roedor fulvo existente nos relevos rochosos do deserto (Z. Kadar, *Acta Classica Universitatis Scientiarum Debrecensis* 8, 1972, p. 16).

[180] Cf. Eliano, *Natureza dos animais* 15. 26.

[181] Cf. Estrabão (17. 3. 4.) alude à γαλῆ como um animal largamente difundido na região que hoje corresponde a Marrocos. Era bem conhecida a doninha de Tartesso (cf. Eliano, *Histórias várias* 14. 4; *Suda, s.v.*), que os Gregos usavam para caçar ratos (Estrabão 3. 2. 6).

[182] Cf. Heródoto 1. 171, 2. 34, 4. 16.

[183] Não se sabe ao certo onde viveriam estes Zaveces, também citados por Hecateu (F. Jacoby, *FGrHist* I F 336). Talvez fossem os predecessores dos Zeugos, que deram nome à região da Zeugitânia, na província romana de África.

[184] Gizantes ou Zigantes? Hecateu (F. Jacoby, *FGrHist* I F 337) alude a uma região chamada Ζυγαντίς e Estêvão de Bizâncio (*s.v.* Ζύγαντες), tomando por fonte Eudosso de Cnido, acrescenta que os Zigantes eram produtores de mel; baseando-se no mesmo texto de Eudosso, Apolónio (*História admirável* 38) refere-se aos Γύζαντες. Ζυγαντίς e Ζύγαντες podem estar etimologicamente relacionados com o topónimo *Zeugitana*, com que os Romanos designavam o norte da Tunísia, e com o *Ziguensis mons*, o actual Djebel Zaghouan; o sul da Tunísia, desde o golfo de Hammamet ao golfo de Gabes, era chamado *Byzacium* ou *Byzacena*. Os Máxies, os Zaveces e os Gizantes deveriam habitar algures na costa oriental da Tunísia. Heródoto enaltece a produção de mel entre os Gizantes: Plínio (*História natural* 11. 33) alude ao mel das abelhas africanas, e ainda hoje os habitantes do Djebel Ousselat, a norte de Kairouan, são famosos produtores de mel artificial (G. Camps, *Storia della Storiografia* 7, 1985, p. 54). Leite de palmeira, tamarisco e trigo seriam os ingredientes usados no fabrico desse mel (cf. Heródoto 1. 193, 7. 31).

Perto deles, dizem os Cartagineses que fica uma ilha que tem o 195.1
nome de Cirávis[185]. O seu comprimento é de 200 estádios[186], mas, de
largura, é estreita. Facilmente se lhe pode chegar a partir do continente e
está cheia de oliveiras e de vinhas. Dizem que há nela um lago, de onde 2
as donzelas, filhas dos indígenas, com penas de aves revestidas de pez,
extraem da lama pepitas de ouro[187]. Se isto realmente acontece, não sei;
escrevo apenas o que se conta. Tudo isso poderá eventualmente ser
verdade, já que também em Zacinto[188], eu próprio vi ser extraído pez, de
um lago de água. Muitos lagos aí existem, tendo o maior deles setenta 3
pés de perímetro, com a profundidade de duas braças[189]. Lançam a este
lago um dardo a cuja extremidade ataram um ramo de mirto, e com este
mesmo ramo de mirto extraem então um pez, que tem o odor do asfalto
mas que quanto ao resto é melhor que o pez da Piéria[190]. Derramam-no
num fosso escavado perto do lago; depois de aí já terem recolhido
bastante, tiram-no então do fosso e deitam-no em ânforas. O que cair 4
para o lago, vai para debaixo da terra e irá reaparecer no mar, que dista
desse lago cerca de quatro estádios[191]. Assim sendo, também o que se
conta acerca da ilha que fica perto da Líbia é verosímil.
Outras coisas contam também os Cartagineses: que há uma região 196.1
da Líbia e homens que a habitam, para lá das Colunas de Hércules. Dizem
os Cartagineses que, quando chegam até esses homens, depois de
descarregarem as mercadorias e de as colocarem em fila junto à costa,
onde se quebram as ondas, regressam para as naus e fazem fumo; dizem

---

[185] Alguns manuscritos apresentam neste passo o topónimo Κύραυνις, Ciráunis, igualmente registado por Estêvão de Bizâncio (s.v. Κύραυνις). Esta ilha poderá ser a actual Chergui, ou então (como o historiador sublinha a sua proximidade em relação à costa) a ilha de Jerba.
[186] Cerca de 35,5 km.
[187] Entre os séculos XVIII e XIX, o explorador Mungo Park testemunhou, em algumas regiões auríferas africanas, o uso de recipientes feitos de plumas para colocar o ouro à medida que ia sendo extraído. Cf. A. Corcella, p. 385.
[188] Trata-se da ilha de Zante, a cerca de 20 km da costa noroeste do Peloponeso, que possui ainda hoje duas fontes de pez mineral.
[189] Cerca de 20,7 m de perímetro de 3, 55 m de profundidade.
[190] O lago da ilha de Zacinto a que o historiador alude é também mencionado por Ctésias (F. Jacoby, FGrHist 688 F 45, 20), Vitrúvio (8. 3. 8), Plínio (História natural 35. 178), Eliano (Histórias várias 13. 16), Dioscórides (1. 73). Trata-se do lago de Keri, no extremo ocidental do golfo de Lagana, no sul da ilha de Zacinto, em que ainda hoje existe pez. Segundo E. Dowen (Tour in Greece, London, 1819, pp. 81-82), ainda no século XIX o pez aí se extraía do modo descrito por Heródoto. Plínio (História natural 14. 128) refere também que o pez da Piéria (região da Macedónia) era o melhor da Grécia.
[191] Cerca de 710 metros.

149

|||2|||que então os indígenas, ao verem o fumo, vão até ao mar e em troca das mercadorias aí colocam ouro, retirando-se depois, para longe dessas mercadorias. Saindo da nau, os Cartagineses examinam o ouro e, se lhes parece digno das mercadorias, partem, levando-o consigo; mas se esse ouro não é digno das mercadorias, eles voltam de novo para as naus e aí permanecem – aproximando-se outra vez, os indígenas põem mais ouro |||3|||junto do anterior, até os satisfazerem. Nem uns nem outros cometem injustiça: nem os primeiros tocam no ouro antes que este para eles tenha igualado um valor digno das mercadorias; nem os segundos tocam nas mercadorias, antes que os outros tenham pegado no ouro[192].

197.1 São estes aqueles de entre os Líbios em relação aos quais nós podemos referir o nome. Do rei dos Medos, muitos deles (a maior parte) |||2|||nem agora nem então queriam saber[193]. Algo mais posso ainda dizer acerca desta terra – quatro raças a habitam (e não mais do que estas, tanto quanto sabemos), duas destas raças são autóctones e as outras duas não: são autóctones os Líbios e os Etíopes[194] (que vivem uns para norte e os outros para sul da Líbia); são forasteiros os Fenícios e os Gregos.

198.1 Quanto à fertilidade, não me parece que a Líbia seja importante a ponto de ser comparada com a Ásia e com a Europa, exceptuando a |||2|||região do Cínipe (região que tem o mesmo nome que o rio)[195]. Em tudo semelhante à melhor das terras a produzir o fruto de Deméter, esta região nem se parece nada com o resto da Líbia. A terra é negra e rica em fontes de água, sem ter de se preocupar com a seca e sem sentir o prejuízo de ser alagada por demasiada chuva (embora chova de facto nesta parte da ilha). Em relação ao rendimento dos cereais, as quantidades de produção |||3|||são as mesmas da região da Babilónia. Boa é também a terra que os Evesperitas habitam, pois quando produz a sua melhor colheita, produz cem vezes mais, mas a terra do Cínipe produz o triplo disso.

199.1 A região de Cirene, que é a mais elevada de toda a parte da Líbia que os nómadas habitam, tem três épocas de colheita, dignas de

---

[192] Não se sabe ao certo em que local da costa noroeste da África se passavam estas transacções comerciais: talvez na região de Mogador/Essaouria (no sul de Marrocos) ou no Rio do Ouro (na faixa costeira do Sara ocidental), ou em Nouadhibou (no norte da Mauritânia), ou na Senegâmbia. O silêncio entre os comerciantes denota a dificuldade de comunicação pela diversidade linguística. Cf. Pompónio Mela 3.6; Plínio, *História natural* 6. 88; Amiano Marcelino 23. 6. 68.

[193] Cf. *supra* 4. 167.

[194] Contraposto a *Líbios* (designação dos povos berberes da costa norte), o vocábulo *Etíopes* designa genericamente os povos de raça negra.

[195] Trata-se da região do rio Cínipe (correspondente ao Wadi Khaam). Cf. *supra* 4. 175.

admiração: de todos os seus frutos, os primeiros que estão prontos a ser colhidos ou vindimados são os que se encontram na zona junto ao mar; só depois destes desejam ser colhidos os da zona intermédia, aqueles que estão acima da região junto ao mar, a que chamam "colinas"; colhidos estes do meio, são os frutos da zona mais alta da região que amadurecem e esperam ser colhidos, de tal modo que se bebe e se come dos primeiros frutos ao mesmo tempo que os últimos aparecem[196]. É assim que a estação das colheitas se estende, entre os Cireneus, ao longo de oito meses. E vou ficar por aqui quanto a estes assuntos.

Em relação aos Persas aliados de Feretima[197], enviados do Egipto por Ariandes, ao chegarem a Barce, cercaram a cidade, exigindo que lhes entregassem os culpados do assassínio de Arcesilau. Por tal crime se responsabilizou toda a multidão dos Barceus e não se aceitaram conversações. Durante nove meses, os Persas cercaram Barce, escavando fossos subterrâneos de acesso às muralhas e empreendendo fortes investidas[198]. Até ao dia em que um forjador acostumado a trabalhar o bronze descobriu estes fossos com um escudo coberto de bronze[199], maquinando habilmente o seguinte: levou o escudo a toda a volta dentro da fortaleza e foi-o apoiando no chão da cidade – alguns dos sítios em que ele pousava o escudo ficavam silenciosos, mas nos sítios escavados o bronze do escudo ressoava[200]. Escavando, por sua vez, nesses mesmos sítios, mas na direcção contrária, os Barceus mataram aqueles de entre os Persas que cavavam esses fossos na terra. Foi assim que tudo se descobriu e que os Barceus conseguiram repelir os ataques.

Durante muito tempo, de ambos os lados, foram lutando e caindo em combate muitos homens (e não foram decerto menos os dos Persas). Amásis, o estratego das tropas de terra, maquinou então um plano.

---

[196] O solo cirenaico apresenta de facto três níveis de altitude, que explicam que a maturação das colheitas pudesse ocorrer em alturas distintas do ano: havia terrenos cultivados na faixa costeira, outros a cerca de trezentos metros de altitude (sulcados por rios, de modo a criar a impressão de existirem diversas "colinas") e outros ainda a seiscentos metros. "Colina" (em grego βουνός – vocábulo que em 4.192 figura como equivalente grego de um termo líbico) poderá neste passo ser a designação genérica que os Cireneus usavam para designar a zona intermédia da região cultivada.

[197] O historiador retoma a história da vingança de Feretima, interrompida em 4. 167.

[198] Acerca deste estratagema, cf. Eneias Táctico, 37 (que alude a este passo de Heródoto).

[199] O adjectivo ἐπίχαλκος sugere que o escudo seria apenas revestido ou guarnecido de bronze. Baseando-se em outros passos de Heródoto (9.80, 82), How-Wells (vol. I, p. 369) interpretam o referido vocábulo como sinónimo de χάλκεος (de bronze).

[200] Cf. Políbio 21. 28, 7-8; Vitrúvio 10. 16.

        Conhecendo os Barceus e sabendo que não poderiam ser vencidos pela força, mas apenas pela astúcia, decidiu fazer o seguinte: escavou de noite um largo fosso, estendeu depois sobre ele frágeis pedaços de madeira, e por cima da superfície de madeira colocou uma camada de terra, fazendo-

2 -a ficar ao mesmo nível que o resto da terra em redor. Quando chegou a luz do dia, mandou chamar para conversações os Barceus e estes aceitaram com alegria o convite, ao ponto de lhes agradar a ideia de estabelecer um acordo. Sacrificando e prestando juramento sobre o fosso dissimulado, estabeleceram então um acordo, nos seguintes termos: enquanto essa mesma terra assim se mantivesse, permaneceria também o juramento que sobre ela se fizera – os Barceus manifestavam a intenção de pagar ao rei um digno tributo e os Persas nada mais fariam contra os

3 Barceus. Depois do juramento, confiantes em tudo isto, os Barceus saíram da cidadela, abriram todas as portas e consentiram que entrasse na fortaleza qualquer um dos inimigos que assim o desejasse. E então os Persas, fazendo cair a ponte escondida, correram para dentro da fortaleza. E fizeram desabar a ponte que tinham feito, simplesmente por isto – para se manterem fiéis ao juramento: depois de terem sacrificado e jurado aos Barceus que o juramento permaneceria durante todo o tempo em que aquela terra permanecesse como então estava, causaram um desabamento; deixava assim de existir o juramento feito sobre essa terra[201].

202.1   Quanto aos principais responsáveis de entre os Barceus, Feretima, assim que eles lhe foram entregues por intermédio dos Persas, empalou--os em redor das muralhas; às mulheres de todos eles, cortou-lhes os

2 seios, com que guarneceu também a muralha[202]. Quanto aos restantes Barceus, disse aos Persas que os fizessem prisioneiros de guerra, a todos excepto àqueles que eram Batíadas e que não eram culpados do assassínio de Arcesilau. E foi a estes últimos que Feretima entregou a cidade.

203.1   Depois de terem vendido como escravos os restantes Barceus, os Persas voltaram para trás e chegaram à cidade dos Cireneus. Cumprindo

2 um oráculo, os Cireneus deixaram-nos passar pela sua fortaleza. Enquanto as tropas iam passando, Badres, o estratego das forças navais, mandou tomar a cidade, mas Amásis, o estratego das tropas de terra, não o permitiu: pois fora contra Barce e apenas contra esta cidade grega, que

---

[201] Um hábil jogo de palavras e situações poderia transformar um juramento ou evitar o perjúrio, como se verifica na situação descrita em 4. 154, a propósito de Témison e Fronima. Jogos verbais como estratagema bélico figuram, e.g., em Tucídides (3. 34. 3) e Polieno (6. 22).

[202] Acerca da mutilação como pena, cf. Heródoto 3. 125, 4. 43, 9. 78-79.

tinham sido enviados[203]. Até ao momento em que, depois de atravessarem a cidade e de se instalarem na colina de Zeus Liceu[204], lhes surgiu o arrependimento por não terem tomado a cidade de Cirene. Tentaram então, pela segunda vez, entrar nela, mas os Cireneus não viram isso com bons olhos. Apesar de não haver nenhum combate, os Persas sentiram medo[205]. Correram cerca de sessenta estádios e aí ficaram de emboscada. Da parte de Ariandes, um mensageiro dirigiu-se às tropas acampadas nesse local, para as mandar vir à cidade. Então os Persas pediram aos Cireneus provisões de viagem e estes deram-lhas. Pegando nessas provisões, eles foram-se embora para o Egipto. Os Líbios perseguiram-nos, para se apoderarem das vestes e das armas, mataram os que iam ficando para trás e os que a muito custo se iam arrastando, até que por fim as tropas persas chegaram ao Egipto.

O mais longe que este exército conseguiu chegar na Líbia, foi até à cidade de Evespérides. Àqueles de entre os Barceus a quem tinham feito escravos, desterraram-nos, obrigando-os a sair do Egipto e a ir para junto do rei da Pérsia. O rei Dario concedeu-lhes o direito de habitarem uma região da Báctria, e eles puseram o nome de Barce a essa povoação, que até ao meu tempo tem sido por eles habitada na região da Báctria[206].

---

[203] Segundo Ménecles de Barce (F. Jacoby, *FGrHist* 270 F 5) e Polieno (8. 47), Feretima e os Persas apoderaram-se de Cirene, mas talvez esta versão não corresponda à realidade. É possível que os Persas tenham querido tomar Cirene (com vista ao domínio sobre toda a Líbia) e que isso tenha gerado a revolta da cidade. A versão de Heródoto parece negar o compromisso de Cirene com Feretima e os seus aliados, mas a restauração do poder dos Batíadas, com Bato IV, faz supor que a cidade não deve ter estado alheia aos planos da rainha.

[204] Originário do Peloponeso ou da Arcádia (o monte Liceu, a que a lenda associa o nascimento de Zeus, situa-se entre a Arcádia e a Messénia), este culto deve ter sido trazido pelos colonos vindos para Cirene no tempo de Bato II (cf. 4. 159) ou pelo legislador Demónax (4. 161).

[205] Uma espécie de temor inspirado pela divindade atormenta também as hostes em Heródoto 7. 10, 43, 8. 38.

[206] Embora a deportação após a conquista fosse uma prática comum entre os soberanos orientais (cf. Heródoto 3. 149, 5. 14-15, 17, 23, 98, 6. 18-20, 119), a localidade de Barce na Bactriana é desconhecida. Em comentário a este passo de Heródoto, P. Legrand (vol. IV, p. 201) sugere que a ideia da existência de uma segunda cidade de Barce poderá advir de uma confusão entre os etnónimos Βαρκαῖοι (Barceus) e Βαρκάνιοι (povo que Estêvão de Bizâncio, *s.v.*, situa próximo dos Hircânios).

205   Quanto a Feretima, a sua vida não terminou bem. De facto, assim que, depois de se vingar dos Barceus, deixou a Líbia e regressou ao Egipto[207], morreu de um modo horrível, comida viva pelos vermes, porque, levadas ao excesso, as vinganças dos homens se tornam odiosas aos deuses[208]. E a tal ponto chegou a vingança de Feretima, mulher de Bato, contra os Barceus.

---

[207] A viagem de Feretima para o Egipto é também referida por Ménecles de Barce (F. Jacoby, *FGrHist* 270 F 5) e Polieno (8. 47). Depois da cruel vingança contra os Barceus, seria natural o seu afastamento, mas não será de excluir a hipótese de o exílio da rainha ter sido imposto pelos Cireneus, para que morresse longe da pátria (cf. A. Corcella, "Introduzione", p. XXXIII).

[208] Vítima de ftiríase, sarna ou de uma infecção provocada por larvas de ácaro, Feretima morreu dando a impressão de ser "comida viva por vermes" – com uma morte miserável, a rainha paga uma vingança levada ao extremo. Heródoto reafirma a concepção de uma justiça divina que impera sobre o mundo: a ruína é o castigo que os deuses infligem aos homens que carregam a culpa de pesadas faltas (cf. Heródoto 2. 120; idêntico raciocínio figura em 9. 79).

Bibliografia

Balcer, J. M., "The date of Herodotus IV.1 : Darius' Scythian expedition", *HSPh* 76, 1972, 99-132.

Bernardete, Seth, *Herodotean Inquiries*, The Hague, Martinus Nijhoff, 1969.

Brown, F. - Tyrrell, W. B., "ἐκτιλώσαντο: a reading of Herodotus' Amazons", *CJ* 80, 1985, 297-302.

Calame, Claude, "Mythe, récit épique et Histoire: le récit de la fondation de Cyrène", in C. Calame (org.), *Métamorphose du mythe en Grèce Antique*, Genève, Éditions Labor et Fides, 1988, 105--125.

Boardman, N. G. L., *et alii*, *The Cambridge Ancient History*, Cambridge University Press: vol. III (Bury, J. B. Bury – Cook, S. A. – Adcock, F. E.), 1970; vol. III. 2 (Boardman, J. – Edwards, I. E. S. – Hammond, N. G. L. – Sollberger, E. – Walker, C. B. F.), 1991; vol. III.3 (Boardman, J. – Hammond, N. G. L.), 1982; vol. IV (Boardman, J. – Hammond, N. G. L. – Lewis, D. M. – Ostwald, M.), 1988².

Carlier, J., "Voyage en Amazonie Grecque", *AAntHung* 27, 1979, 381--405.

Corcella, A. – Medaglia, S. – Fraschetti, A., *Erodoto. Le Storie*, livro IV, Milano, Fondazione Lorenzo Valla, 1993.

Defradas, *Les thèmes de la propagande delphique*, Paris, Les Belles Lettres, 1972.

Drews, Robert, "Herodotus' other *logoi*", *AJPh* 91, 1970, 181-191.

Fehling, Detlev, *Herodotus and his "sources" – citation, invention and narrative art*, Leeds, Francis Carns, 1989.

Flory, S., *The archaic smile of Herodotus*, Detroit, Wayne State University Press,1987.

Fontenrose, J., *The Delphic Oracle. Its Responses and Operations*, Berkeley-London, University of California Press, 1978.

Gardiner-Garden, J. R., "Dareios' Scythian Expedition and its aftermath", *Klio* 69, 1987, 326-350.

Giraudeau, Michelle, *Les notions juridiques et sociales chez Hérodote: études sur le vocabulaire*, Paris, Diffusion de Boccard, 1984

Hartog, F., *Le miroir d'Hérodote. Essai sur la représentation de l'autre*, Paris, 1980.

Hartog, F., "La question du nomadisme: les Scythes d'Hérodote", *AAntHung* 27, 1979, 135-148.

Kuhrt, A., "Earth and water", *in* Sancisi-Weerdenburg, H. – Kuhrt, A. (org.), *Achaemenid History*, vol. III – *Method and Theory*, Proceedings of the London 1985 Achaemenid History Workshop, Leiden, Nederlands Instituut voor Het Nabije Oosten, 1988, 87-99.

Lateiner, Donald, "Nonverbal Communication in the *Histories* of Herodotus", *Arethusa* 20, 1987, 83-117.

Lattimore, R., "The wise adviser in Herodotus", *CPh* 34, 1939, 24-35

Lloyd, Alan B., "Herodotus on Egyptians and Libyans", in *Hérodote et les Peuples non Grecs* – Entretiens sur l'antiquité classique, Vandoeuvres-Genève, Fondation Hardt, 1990, vol. XXXV, 215-253.

Schrader, C., *Heródoto. Historia*, livros III-IV, Madrid, Ed. Gredos, 1979

Solmsen, F., "Two crucial decisions in Herodotus", *Mededelingen der Koninklijke Nederlandse Akademie van Wetenschappen*, AFD. Letterkunde, 37, n° 6, 1974, 139-170.

Tyrrell, W. B., *Amazons, a study in Athenian Mythmaking*, Baltimore / London, The John Hopkins University Press, 1984

West, Stephanie, "The Scythian ultimatum (Herodotus IV, 131-132)", *JHS* 108, 1988, 207-211.

ÍNDICE

Prefácio	7
Abreviaturas	9
Bibliografia geral selecta	11

Primeira parte – Os Persas na Cítia

Introdução	15
Tradução (1-144)	31

Segunda parte – Os Persas na Líbia

Introdução	103
Tradução (145-205)	117
Bibliografia do livro IV	155

Impressão e acabamento:
CASAGRAF - Artes Gráficas Unipessoal, Lda.

Paginação
CLICKART, LDA.
para
EDIÇÕES 70, LDA.
em Maio de 2001